Endorsements

CW01501392

An anthology of poems abou
on to Northey and Owen's la
collect verse about the A470, Wales's main trunk road. And it's
terrific too – if you didn't know how wilily-wet, watercourse-
beset, rill-rich, brook-bombarded, nant-naturalised and aber-
anaesthetised Wales was, then start here. *Peter Finch*

Peth gwerthfawr a chalonogol yw gweld bod nentydd ac afonydd
Cymru'n rhedeg trwy ddychymyg a meddyliau ein beirdd. Mae'r
gyfrol hon yn rhodd bwysig i bawb sy'n poeni am lendid ac
iechyd ein dyfroedd dwyieithog. *Gwyneth Lewis*

No two rivers are the same. From the least bog-trickle to the
two-hundred-mile embrace of Hafren/Severn, each has its
own voice, often many voices, each specific to the place it flows
through and reflects. This is the insight that makes for such a
rich and varied anthology. More than just a showcase for the
range and reach of Welsh writing in two equal languages, this
is a water-map that catches the whole of Wales, its history and
landscapes, its diversity and fine connections, in its glittering net.
Philip Gross, author of A Fold in the River, Troeon/Turnings *and*
The Water Table

Fel yr afonydd y maen nhw'n eu portreadu, mae cerddi'r gyfrol
hon ar dro yn chwerthin ac yn tincial, yn rhuo ac yn disgleirio.
Wrth ddilyn eu cwrs o'u tarddiad yn nychymyg y beirdd i
fôr y dudalen, yn raddol, ymdroellog, daw Cymru yn ei holl
amrywiaeth i'r fei. *Llŷr Gwyn Lewis*

Immerse yourself in this river of rivers, its narratives and lyric
moments. All our griefs and joys course through it.
Paul Henry

What a breath-taking rolling watery wonderful ride of a book! With a chorus of diverse voices, it honours these vital lifelines in all their fragility and strength, urging a deeper sense of urgency for their protection as concerns over our polluted waterways intensify. A powerful tribute and a call to action.

Deborah Alma, Founder, Poetry Pharmacy

Ranging from moving personal naturalistic recollections of a local river (*never, never leave the town*) to metaphorical verses of water and symbolic representations of rivers and their meaning for us (*water completes us*) or (*ripples of my own story*) one feels inspired and empowered.

A much needed plea for us to wake up and appreciate these natural wonders that we have taken for granted and ignored and polluted for decades – Should be sent to every water company in the UK for its 'not for profit' board members to read.

A beautiful bilingual collection from the poetic sons and daughters of Rachel Carson and John Muir that makes you want to go and sit by your own river and tell it you will protect it. *Gobaith. Ymlaen.*
Patrick Jones

Mae'r gyfrol hon ei hun fel afon: o'i tharddle mewn mawl i'r dinodedd dienw, mae weithiau'n lli carlamus a thro arall yn oedi'n mewn pyllau llonydd; yn gartref i lawer llais rhwng mynydd a môr, a'r holl obeithion a phryderon a gariwn gyda ni at gyrff o ddŵr.
Iestyn Tyne

AFONYDD
Poems for Welsh Rivers
Cerddi Afonydd Cymru

Edited by / Golygwyd gan
Sian Northey & Ness Owen

Translated by / cyfieithwyd gan
Sian Northey, Siôn Aled, Ness Owen,
Emma Baines & the authors / a'r awduron

ARACHNE PRESS

First published in UK 2025 by Arachne Press Limited
100 Grierson Road, London SE23 1NX
www.arachnepress.com
© Arachne Press 2025
ISBNs
Print 978-1-913665-97-5
eBook 978-1-913665-98-2

Thanks to Muireann Grealy and Huw Meirion Edwards for their proofing.

Printed on 'woodfree' paper in the UK
EU GPSR contact for product safety information
outreach@arachnepress.com, Gorica 17, Radovljica, Gorenjska, 4240, Slovenija
see also our website arachnepress.com/GPSR

Mae Arachne Press yn cydnabod cymorth ariannol Cyngor Llyfrau Cymru.
Arachne Press acknowledges the financial support of the Books Council of Wales.

Acknowledgements/Cydnabyddiaethau

2012 © Taz Rahman 2025 translation © Siôn Aled

Aberglaslyn © Manon Awst 2025 translation © Ness Owen, Siôn Aled and Manon Awst

Aerfen © Robbie Burton 2025 translation © Sian Northey

After the Wheel © Martin Daws 2025 translation © Siôn Aled

Afterdrop © Si Griffiths 2025 translation © Siôn Aled

An Englishman's love for the Teifi © Nick Rawlinson 2025 translation © Sian Northey

Binary © Adele Evershed 2025 translation © Sian Northey

By St Teilo's Waters © Matthew M. C. Smith 2025 translation © Siôn Aled

Cân afon Dyfrdwy © Siân Melangell Dafydd 2025 translation © the author

Chwiorydd © Meg Elis 2025 translation © the author

Cleanliness is Next to Godliness © Lesley James 2025 translation © Siôn Aled

Coracle on the River Teifi © Samantha Wynne-Rhydderch 2025 translation © Sian Northey

Culverted Memories © Susan Walton 2025 translation © the author

Cwm Eigiau © Gwenno Gwilym 2025 translation © the author

Cyffes © Hywel Griffiths 2025 translation © the author

Cymraeg, Caerdydd (Afon Taf) © Catrin Mari 2025 translation © the author

Dau Glais © Alun Gibbard 2025 translation © Ness Owen

Duck Race © Mat Troy 2025 translation © Sian Northey

Ffiniau © Siôn Aled 2025 translation © the author

Genod fel ni © Grug Muse 2025 translation © the author

Glannau Gwernol © Mair Tomos Ifans 2025 translation © the author

Horseshoe Falls © Gareth Culshaw 2025 translation © Sian Northey

I'r lan wrth bont Henllan © Menna Elfyn 2025 translation © Emma Baines

I'r Rhai Dienw © Grahame Davies 2025 translation © the author

Llwybr © Mari George 2025 translation © the author

Llyn Can Bwch © Meleri Davies 2025 translation © the author

Lugg Lines © Chris Kinsey 2025 translation © Sian Northey

Mayfly Over the River Cegin © Zohrah Evans 2025 translation © the author

'Nôl i afon Twrch © Haf Llewelyn 2025 translation © the author

Scan for our interactive map, with photos,
videos and poets' comments.

Sganiwch ar gyfer ein map rhyngweithiol, gyda lluniau,
fideos a sylwadau gan y beirdd.

Contents /Cynnwys

Introduction
Sian Northey & Ness Owen

Water is life and the freshwater we need is, of course, supplied by rivers. Most of the world's population lives within six miles of a river for good reason. We use them to feed us, to irrigate our crops, for transportation, power generation and for our leisure. We have been known to divert, dam and drain these watercourses to bridge, bury, pollute, poison and turn them into sewers; and these forces of nature have their own capacity to turn on us. *Afonydd* is a small tribute to our rivers; and by extension all rivers, from the unnamed to the magnificent and the infamous, the lives lived alongside; and the precious names where the history and stories lie.

No two rivers are the same. They provide a habitat for a wealth of biodiversity and have shaped our landscape, our history and culture – our *cynefin* – a place where we can share our love for or rediscover our own waterways. Here in Cymru we have over six hundred rivers and tributaries ribboning through our country. Flowing from the mountains or bubbling up from groundwater, each has a story to tell.

We received approximately four hundred poems from across Cymru and from Welsh poets further afield: poems that made us wonder, laugh and cry. Far too many poems to fit in one anthology. It took many discussions and hard decisions to be able to choose only fifty poems.

You are less likely to get lost if you follow a river, so we hope you will meander through these pages, as we have, through mountains, lowlands, cities and languages to find yourself by the water.

Cyflwyniad
Sian Northey a Ness Owen

Heb ddŵr, heb ddim a daw'r dŵr croyw sydd ei angen arnom o'r afonydd wrth gwrs. Mae y rhan fwyaf o boblogaeth y byd yn byw o fewn chwe milltir i afon. Defnyddiwn hwy fel ffynhonnell fwyd, i ddyfrio'n cnydau, ar gyfer trafnidiaeth, i gynhyrchu ynni ac ar gyfer hamddena. Rydym yn eu dargyfeirio, yn codi argaeau ar eu traws ac yn eu sianelu, yn eu pontio, eu claddu, eu llygru, eu gwenwyno a'u troi yn ffosydd carthion; ac mae ganddynt y gallu i droi eu grym naturiol yn ein herbyn. Teyrnged fechan i'n hafonydd ni, ac yn eu sgil pob afon, yw'r gyfrol hon; o'r rhai dienw i'r rhai gwych a'r rhai drwgenwog, y bywydau ar y glannau, a'r enwau sydd yn ymgorffori hanes a straeon.

Mae pob afon yn wahanol. Mae ynddynt gyfoeth o fioamrywiaeth ac maent wedi siapio ein tirlun, ein hanes a'n diwylliant. Dyma'n cynefin ac yno gallwn ailddarganfod ein hafonydd, neu rannu eu rhyfeddod. Boed afon yn llifo o'r mynydd neu yn codi o'i tharddiad dan ddaear, mae gan bob afon ei stori i'w hadrodd.

Derbyniwyd tua phedwar cant o gerddi o Gymru a chan feirdd Cymreig y tu hwnt i Gymru: cerddi a wnaeth i ni ryfeddu, chwerthin a chrio. Roedd yna lawer gormod o gerddi ar gyfer un gyfrol, a bu sawl trafodaeth a gwnaed sawl penderfyniad anodd cyn dethol hanner cant o gerddi.

Dywedant eich bod yn llai tebygol o fynd ar goll os dilynwch afon – gobeithio felly y gallwch lifo a throelli trwy'r tudalennau, fel y gwnaethom ni, trwy fynyddoedd, iseldir, dinasoedd ac ieithoedd a darganfod eich hun wrth y dŵr.

11

Grahame Davies
I'r Rhai Dienw

Pa faint, 'sgwn i, mae'n rhaid i afon fod
cyn iddi haeddu cael ei henw ei hun,
cyn gosod gair ar ryw gwrs dŵr di-nod,
i ddyfroedd bywiol dderbyn bedydd dyn?
Ai rheol a rheswm sydd yn rhoi ar fap
urddas eneiniad ar ryw ffrwd ddi-ball,
neu ai, ys dywed 'Hon', damwain a hap
a'u geilw'n *Nant-yr-Hwn* neu *Nant-y-Llall*?
Ni wn i. Ond fe ddathlaf nhw i gyd,
cynheiliaid anghofiedig pant a glyn,
sy'n gweu eu ffordd ymhell o sylw'r byd
ar hynt anhysbys rhwng y grug a'r chwyn.
Ffynhonnau bywyd bythol ydynt oll,
dyfroedd dienw y cilfachau coll.

Grahame Davies
To the nameless ones

How far, I wonder, from their mountain source
must rivers go before they get a name,
before some wandering weed-fringed watercourse
is word-baptised where man asserts his claim?
Is there, I wonder, some taxonomy
that gives to some a title, others none?
Or, like the poem, does no destiny
decree them *Nant-y-Llall*, or *Nant-yr-Hon*?
I do not know. But I invoke them all:
these overlooked companions of the hill
that make their way where only curlews call,
and never had a name and never will.
Only these living waters understand
the blessed unchristened corners of the land.

AFON DYFRDWY

Siân Melangell Dafydd
Cân afon Dyfrdwy

Cyn i ti fynd yn gyfan gwbl
rhof yn rhodd i ti
fy holl synau.
Dof â chôr y wig mor gryf â'r mes
yn disgyn, sŵn canghennau'n ildio,
clogfeini'n sgwrsio.
I wefusau'r lan mae clets yn perthyn
ac i rygnu tafodau gwynion.
Tyrd i mi gael sisial dy gwrwgl
drwy'r dyddiau sy'n weddill,
dyro dy draed i mi eu dawnsio.
Ga i d'atgoffa o dy galon?
Dof i dapio cerddi ar dy dalcen,
ar dy fochau, ar dy ysgwyddau ac i lawr,
lawr dy freichiau, i dy anwylo nes gwrando.
Byddaf yn chwarae'r corsennau, chwipio graean,
treulio llwybr clocsio arnat. Rhof waedd
yn y diwedd. Ac yna, ar lithriad
tawelwch a'i fudandod amdanat,
siaradaf. Siaradaf yn barhaol, w'sti,
llafarganaf ymhell wedi i ti beidio
gwrando. Yn dy dawelwch,
ysgwydaf dy fyd.

RIVER DEE

Siân Melangell Dafydd
Song of the Dee

Before you leave completely
I give you this gift
of all my sounds.
I'll bring the dawn chorus as fierce as acorns
falling, the split of branches giving in,
boulders, chatting.
All the slaps belong to the lips of the shore
and to the constant white tongues.
Let me whisper your coracle
over the remaining days.
Give me your feet for me to dance them.
Can I remind you of your heart?
I'll come and tap poems on your forehead,
on your cheeks, on your shoulders and down,
down your arms, to love you to listening.
I'll play the reeds, whip the gravel,
wear a clogging trail into you. I'll wail
when the end comes. And then, on the slip
of silence and its hush all about you,
I'll speak. I'll speak without stop, you know,
chanting long after you have stopped
listening. In your quiet,
I will quake your world.

RIVER DEE

Gareth Culshaw
Horseshoe Falls

The turn of the river brings back
the people we've seen, filling the sky
with stars. Trees linger over the edge
watching the passing mirror
of their lives. Sheep full-stop
the breeze. A woodpecker taps
the clock to tick the water of time.
A canal moves as slow as a day
spent watching rain on a window.
The river judders like the earth's plates
shouldering together. Rapids chase the voices
of rocks then thin to a hum.
The falls curtain the edge of a roundness
not seen since earth shaped itself
by running around the sun.

AFON DYFRDWY

Gareth Culshaw
Rhaeadr y Bedol

Mae troead yr afon yn dwyn yn ôl
y bobl a welsom, yn llenwi'r awyr
â sêr. Coed yn oedi uwch y dorlan
yn gwylio adlewyrchiad eu bywydau'n
mynd heibio. Defaid yn atalnodi'r
awel. Cnocell y coed yn curo'r
cloc i bendilio dyfroedd amser.
Symuda'r gamlas mor araf â diwrnod
o wylio'r glaw ar wydr ffenestr.
Dirgryna'r afon fel platiau'r ddaear
yn pwnio'i gilydd. Y dŵr gwyllt yn ymlid lleisiau'r
creigiau ac yna'n treulio'n furmur.
Mae'r rhaeadr yn llen ar ymyl cylch
na welwyd ei debyg ers i'r ddaear ffurfio'i hun
wrth iddi gylchu'r haul.

RIVER DEE

Robbie Burton
Aerfen

After she splits
            at Horseshoe Falls
Water Goddess goes manic
                        with kayaks
bouncing and spitting
        and taking a breather in shallows.

Her annexed half, sedated by concrete,
moves at narrowboat pace. Low in valleys,
high on aqueducts, Water Goddess crosses herself.

Specialists say they've got her tamed, despite
her habit of visiting tombs in St Dunawd's graveyard,
despite her sudden rushes through canal lock sluices.

Her nature is to fall. On and on
towards the sea, nothing will stop her.

Not raising a weir to control the tides.
Not straightening her out before she leaves.
Not changing her name to Dee

as if to diminish her spirit.

AFON DYFRDWY

Robbie Burton
Aerfen

Ar ôl iddi fforchio
          yn Rhaeadr y Bedol
mae Duwies y Dŵr yn mynd yn wirion
                         efo caiacau
yn neidio a phoeri
          a chael ei gwynt ati pan mae'n fas.

Mae'r hanner a gyfeddiannwyd, sydd wedi'i dawelu gan goncrid,
yn llifo ar gyflymder y cychod culion. Yn isel mewn dyffrynnoedd,
yn uchel ar ddyfrbontydd, mae Duwies y Dŵr yn ymgroesi.

Dwed yr arbenigwyr eu bod wedi'i dofi, er gwaethaf
ei harfer o ymweld â beddi mynwent Dunawd Sant,
er gwaethaf ei rhuthro sydyn trwy lifddorau'r gamlas.

Disgyn yw ei natur. Ymlaen ac ymlaen
tuag at y môr, wneith dim byd ei rhwystro.

Nid creu gored i reoli'r llanw.
Nid ei hunioni cyn iddi adael.
Nid ei galw'n Dee

i dorri'i hysbryd.

RIVER ELWY

Taz Rahman
2012
*Neanderthal man once lined the Elwy. In this
age of floods, St Asaph mourns another life.*

my mouth is poison / burning the last age /
of man / if beginnings are a need / to know an
origin / a northern flank / south-east of Moel
Seisiog / I am unnamed / till Llangernyw where

/ brethren / Cledwen-Collen-Gallen / ward off
caves / lower a valley / lisp in crypts / red /
campions / skein almighty in ninety / nine
flights / Pontnewydd lythes / nymphs fawn

/ the fruiting body / fermenting barnacles /
gardens fold sparrows / for endless / chides
in barren lyres of conjugal / loins consummate
rites / in the smallest / cathedral liturgy /

ensigns hang lords / dust dust / grizzled
satyrs shear lexicons / to stone May desire
/ conspicuous as panicles / a night rich /
in tone / immodest in streetlamps /

AFON ELWY

Taz Rahman
2012
Unwaith crwydrai pobl Neanderthalaidd lannau Elwy.
Yn oes y llifogydd, mae Llanelwy'n galaru eto.

gwenwyn ydi 'ngenau / yn llosgi oes olaf /
dyn / os oes dyhead am ddechreuadau / am adnabod
tarddiad / ystlys ogleddol / i'r de-ddwyrain o Foel
Seisiog / does i mi enw / hyd Langernyw ble

/ mae'r chwiorydd / Cledwen-Collen-Gallen / yn osgoi
ogofâu / yn gostwng dyffryn / yn bloesgi mewn beddau / blodau /
taranau / cengl hollalluog mewn cant / namyn un
hedfaniad / morleisiaid Pontnewydd / nymffau'n ymgreinio

/ y corff hadol / gwyrain yn eplesu /
gerddi'n cofleidio adar y to / ar gyfer diddiwedd / gerydd
lyrâu hesbin / llwynau priodasol yn cyflawni
eu defodau /yn litwrgïau'r / gadeirlan leiaf

arglwyddi ynghrog ar lumanau / llwch llwch / satyriaid
cwynfanllyd yn difa dyddiaduron / i labyddio chwant Mai
/ mor amlwg â phaniclau / noson gyfoethog /
ei chywair / yn ddigywilydd dan y goleuadau stryd /

AFON EIGIAU

Gwenno Gwilym
Cwm Eigiau

Llyn Llyffant, enw sy'n rhodd i unrhyw fardd
Llyn Llyffant yn llechu'n llonydd ar lethrau Carnedd Llywelyn
siŵr fod yna gynghanedd a hanner yna'n rwle
handi iawn os ti'n gwybod sut i gynganeddu

Tarddiad, gallu golygu tarddiad afon neu darddiad syniad
siwr fod yna drosiad dwys yna'n rwle
handi iawn os ti angen sgwennu cerdd am afon

Afon Eigiau, dewis da gan ei bod yn llawn drama a storïau
ac yn odli efo lot o bethau – darnau, awyrennau, damweiniau
siŵr fod Gwgl efo'r ffeithiau a'r Odliadur yn llawn syniadau
handi iawn os ti eisiau dipyn o hanes yn dy eiriau

Ystumiau, siâp diddorol a chreadigol
     ymdroelli
         erydu
   nadreddu
siŵr fod yna gerdd weledol effeithiol yna'n rwle
handi iawn os ti'n gwybod sut i wneud hynny'n Word

Llyn Eigiau, llyn tywyll yn boddi mewn hanes tywyllach
llawer rhy dywyll i'w drafod mewn cerdd ysgafn fel hon

RIVER EIGIAU

Gwenno Gwilym
Cwm Eigiau

Llyn Llyffant, a gift of a name for any poet
Llyn Llyffant, llonydd, llethrau and Llywelyn
definitely got some cynghanedd hiding in there somewhere
very handy if you know how to cynganeddu

Source, the source of a river or the source of an idea
pretty sure there's a deep metaphor in there somewhere
very handy if you need to write a poem about a river

Afon Eigiau, full of history and mystery
plenty of time for rhyme – planes, remains, flames
Google explains and contains all the names
very handy if you want a poem full of feeling and meaning

Meander, a creative and interesting shape
     twist
          erode
     snake
there's a good visual poem in there somewhere
very handy if you know how to do that in Word

Llyn Eigiau, a dark lake drowning in even darker history
way too dark to discuss in a light poem like this

GALEDFFRWD

Martin Daws
After the Wheel

a lord called the river to his foot here
commanded gravity to a match
struck the fuse
stepped back   p   r
blasted the valley floor a   a

                                                    t

Galedffrwd
gorge lorded
forced through seven sluices
backed up blocked
dropped
vertical off a damn wall
threaded through tunnels
spat into a basin
fed into a furnace
evaporated rotated rocketed
vomited out into the Ogwen

after the wheel serene in the healing here
rusting off the relics bit by bit
blast mark scarred we live in their echoes
hushed in the shush of the river
softening down around the sharp edged rocks

GALEDFFRWD

Martin Daws
Tu Hwnt i'r Olwyn

galwodd arglwydd yr afon at ei droed yma
er disgyblu disgyrchiant
rhoi'r ffrwydron ar waith
sefyll o'r neilltu   r   w
rhoi cwm   a   ch   â
                                                      l

Galedffrwd
wedi'i lordio drwy geunant
a'i gwthio drwy lifddorau seithblyg
yn gyfyng gaeth i'w gollwng
yn bendramwnwgl dros argol argae
cyn nodwyddo twneli
hyd rych y creicafn
a ffau y ffwrnais
yn ferw, gyforiog
i'w chwydu'n chwyrn i Ogwen

tu hwnt i'r olwyn yn hedd ei hiachâd yma
yn rhydu'r olion ddarn wrth ddarn
â chreithiau'r ffrwydradau trigwn yn eu hadleisiau
yn sobrwydd sibrwd yr afon
â'i dŵr yn tyneru gerwinder y creigiau

RIVER ADDA

Susan Walton
Culverted Memories

Small is our Afon Adda, Lord, a misfit in a glacier's trench,
Snuggled in below the ground, or forced into a crypt.
Northwards, its namesake field is now Currys and a PC World.

*****

Where you arose
(the rugby club now gone)
my mother once was glamorous
in lurex Christmas party dress.
You're pushed on past Ferranti's;
a father of two girls once worked there –
I looked after those stranger teenagers,
not much younger than my good-girl self.
Your line at Asda is hidden now, but a ward edge on the old OS
reveals your ghostly flow under old-time open ground
overlooked by *Myddfai* and City players yet unborn.
You meet the muddy Strait not far from Garth;
when mid-life crisis struck, I walked: above your moue'd mouth
then round Glandŵr to the Union's welcome warmth.
These culverted memories
in the album of my mind
never, never leave the town.

AFON ADDA

Susan Walton
Y llinell dan ddaear

Bach yw ein hafon Adda, Dduw, afrwydd mewn cafn all-lif,
Clyd dan ddaear, neu mewn claddgell unig.
Tua'r gogledd, Currys a PC World yw'r cae oedd bia Mab Adda.

*****

Ger dy darddiad
yn yr hen glwb rygbi,
pefriodd fy mam un 'Dolig
mewn ffrog *lurex* arian.
Ti'n cael dy wthio 'mlaen heibio Ferranti's;
flynyddoedd yn ôl gweithiai tad dwy ferch yno –
mi wnes i eu gwarchod, y ddwy
prin yn iau na fi, yn laslances dda.
Cuddiedig yw dy rediad wrth Asda, ond mae ffin ar hen fap
yn datguddio dy linell o dan dir oedd yn agored gynt
o fewn golwg *Myddfai* a chwaraewyr City i ddŵad.
Ti'n cyfarch y culfor lleidiog nid nepell o Garth;
pan darodd argyfwng canol oed, mi gerddais:
dros dy gyfyngfa
wedyn heibio Glandŵr i fynwes groesawgar yr Union.
Nid yw'r atgofion claddedig hyn
sydd yn y llyfr lluniau tu fewn i mi
byth, byth yn gadael y dref.

RIVER CEGIN

Zohrah Evans
Mayfly over the River Cegin

Tidal salt marsh,
where water voles burrow in muddy banks,
and otters thrive under overhanging roots;

there, near Porth Penrhyn,
before the river enters the Straits,
a miracle happens;
as spring ends and summer starts,
they burst into life,
and rise above the shallow water
into a new world.
With shimmering wings,
millions of sequinned dancers
fill their fleeting lives
with pirouettes, arabesques,
spirals and swirls,
high and low above the water –
a beautiful, frenzied celebration
of a day-long life.

AFON CEGIN

Zohrah Evans
Gwybed Mai dros Afon Cegin

Morfa
lle'r tylla'r llygod dŵr ar lannau lleidiog
a lle ffynna'r dyfrgi dan fargod gwreiddiau;

yno, ger Porth Penrhyn,
cyn i'r afon ymuno â'r Fenai,
wele wyrth;
fel y derfydd y gwanwyn ac y deffry'r haf,
ffrwydrant i fodolaeth,
a chodi uwchben y dŵr bas
i fyd newydd.
Gydag adenydd pelydrol,
miliynau o ddawnswyr pefriol
yn llenwi eu bywydau byrhoedlog
â *pirouettes, arabesques,*
yn troelli a chwyrlïo
yn uchel ac yn isel uwchben y dŵr –
dathliad cain, gwallgof
o fywyd undydd.

RIVER LASINWEN

Ness Owen
Oarless

Take me away, whispered the upturned
rowing boat abandoned on the mudflats,
rotting under the blind eyes of the
holiday cottage.
We packed the holes with crushed cockles
and blackened shingle. Didn't we just
know that we'd sink but the banks were
so close and weren't we the strongest
swimmers that we knew?
Oarless we drifted so ready for a voyage,
laughing like tern-song as the water
rushed in. I jumped the first, thinking
you were behind me but turning in
the shallows you were still standing
there alone. I rushed back to pull you in,
dragged you closer to the edge of the water
so you were safe to walk away. You didn't
want to talk as we sun dried on the blue-
grey rocks, watching the final descent,
the slow vanishing underwater. I wondered if
anyone would miss it and why someone
wouldn't jump from a sinking boat. Swim
when they had the chance.

AFON LASINWEN

Ness Owen
Heb Rwyfau

Ewch â fi i ffwrdd, sibrydodd y cwch rhwyfo,
wedi'i adael wyneb i waered i bydru ar laid
y gwastadeddau, o dan lygaid dall
y tŷ haf.
Pacion ni y tyllau gyda chocos wedi'u malu
a graean du. Gwyddem y byddem
yn suddo ond roedd y glannau mor agos
ac onid ni oedd y nofwyr cryfaf
y gwyddem amdanynt?
Heb rwyfau buom yn drifftio mor barod
am fordaith, yn chwerthin fel môr-
wenoliaid wrth wylio'r dŵr yn rhuthro
i mewn. Fi oedd y cyntaf i neidio, gan
feddwl dy fod y tu ôl i mi ond pan droais
i yn y dŵr bas, roeddet yn dal i sefyll
yno ar ben dy hun. Rhuthrais yn ôl i dy
dynnu i mewn, dy lusgo'n nes at ymyl
y dŵr fel dy fod yn ddiogel i gerdded
i ffwrdd. Doeddet ti ddim eisiau siarad
wrth i'r haul ein sychu ar y creigiau llwydlas
ac fe wylion ni'r suddo olaf, y diflannu araf o
dan y dŵr. A finnau'n meddwl tybed a fyddai
unrhyw un yn gweld ei golli a pham na fyddai
rhywun yn neidio o gwch oedd yn suddo. Yn
nofio pan oedd ganddynt gyfle.

31

RIVER CRIGYLL

Fiona Owen
River Song

Today she is ripe for receiving
the languages of reed, tree, rook

running articulations caught on the wind,
carried on thermals, wealth of words
wandering downstream
                              so follow the river
from source, where Afon Caradog segues
into Afon Crigyll then meanders through farm-fields,
blue-veined, body's circulatory system, called
coastwards as flow, as wavering line mapped,
looping golf course and dunes;
                              she arrives
running her lap of honour, for stasis is aberration,
where words stall, dam up, unspoken, fall silent
or are driven underground, for rivers must run
from headwater on, reaching for levels, heeding
calls to connect, to course clear, to ripple as song.

AFON CRIGYLL

Fiona Owen
Cân yr Afon

Heddiw mae'n aeddfed i dderbyn
ieithoedd y brwyn, y coed, y brain

chwedlau chwâl ar gerrynt y gwyntoedd,
ar awelon y gwres, cyfoeth geiriau
yn ymlwybro drwy lif
                y nant o'i tharddiad,
hyd gymer Caradog
ag Afon Crigyll a'i chrwydr drwy gaeau'r ffermydd,
gwythïen las y tir, yn tynnu
tua'r traeth, y llinell ansicr,
yn cylchu heibio'r cwrs golff a'r twyni;
                      nes cyrraedd
at anterth ei gyrfa, gan na fydd aros,
a rhwystro geiriau, wrth argae mudandod
neu o'u cuddio dan ddaear, gan fod rhaid i afon lifo
ymlaen o'i blaenddwr, cyrchu'r gwastatir, gan wrando
pob cais am gyswllt, torri cwrs eglur, tonni fel cân.

RIVER LLYFNI

Eabhan Ní Shuileabháin
Toad

We came downstairs to find a thin
trail of drying mud across the floor,
across your toys, up the skirting
board. I turned to you, eyebrow raised, but
you said *not me* and pointed to the full-grown
toad trying to scale the wall.
We followed his trail through parked diggers
and the zoo enclosure, where chaos reigned,
but the toad didn't care. He'd been struggling
all night trying to escape this parched, dry desert.
You didn't think twice about the wreckage of your
toys, insisted that we return him to the river
without hurt. We found a trifle bowl and set off,
me holding the bowl, you skipping beside.
Down by the riverbank, you found the perfect spot.
The toad stepped slowly from your small hands.
Though I've seen the Llyfni every day for more
than twenty years, in flood, as a thin
ribbon of sparkling white blossom, sheltering ducks,
harbouring otters, it's our toad rescue that I think
of the most, your gentleness as your three-year-old
hands placed his dry, muddy body by its bank,
how you waited to see him disappear before
smiling up at me, delighted he'd survive.

AFON LLYFNI

Eabhan Ní Shuileabháin
Llyffant

Daethom lawr y grisiau a darganfod
stribed main o fwd yn sychu ar y llawr,
tros dy deganau, fyny'r sgertin.
Trois atat, gan godi ael, ond
gwadaist gyfrifoldeb a phwyntio
at lyffant mawr yn trio dringo'r wal.
Dyma ddilyn ei drywydd trwy faes parcio'r tractorau
a chewyll y sw, lle'r oedd pethau'n draed moch,
nid fod o bwys gan y llyffant. Bu'n straffaglu
trwy'r nos i ddianc o'r anialwch sych hwn.
Heb boeni dim am dy deganau
yn llanast, mynnaist ein bod yn ei ddychwelyd i'r afon
yn ddianaf. Cyrchwyd dysgl dreiffl a ffwrdd â ni,
y fi yn cario'r ddysgl, chdithau'n sgipio wrth fy ochr.
Ar lan yr afon gwelaist y man perffaith.
Camodd y llyffant yn araf o dy ddwylo bach.
Ac er i mi weld afon Llyfni bob dydd
am ugain mlynedd a mwy, yn ei lli, yn rhuban
main o betalau gwyn gloyw, yn noddfa i chwid,
yn lloches i ddyfrgwn, yr atgof amdanom yn achub
y llyffant ddaw amlaf, a thynerwch dwylo teirblwydd
yn gosod ei gorff sych, mwdlyd ar ei thorlan,
a'r modd yr arhosaist i'w weld yn diflannu cyn
gwenu arna i, yn gwirioni y byddai'n byw.

AFON LLYFNI

Grug Muse
Genod fel ni

A doedd hi ddim
yn afon eto, roedd
hi'n lefren, yn ochr-
gamu hyd ymyl cae yn
gerrig brown a silidons a
brwyn. Doedd hi ddim yn
afon eto lle'r oedden ni a'n
poteli seidr a'n Pringls yn trio
codi tent. Yn straffaglu, yn wyllt
ar ein chwerthin ein hunain a siwgr
a gwleddoedd £1 Iceland. Doedd hi
ddim yn afon eto yng nghorneli'r selffis
niwlog ar gamerâu digidol rhad, a'r nos yn
trio cau amdanon ni – ond roedd hi'n Fehefin
ac roeddet ti'n siarad am y pethau oedd yr hogiau
wedi gofyn i ti wneud, wedi gofyn i ti fod a'r pethau
oeddet ti wedi medru, wedi trio, wedi lecio. Ac roedd
'na rywun yn ceisio cynnau tân, a doedd hi ddim yn
afon eto, roedd hi'n lefren ac roeddet ti'n sôn wrtha' ni
be fasa chdi 'di lecio medru 'i ddweud, medru 'i wneud.
Roedd hi'n oeri ac mi gysgaist ti efo dy ben dan ei chesail
hi ac ar fy nghoes i a'i phenelin yn dy fol di ac yn y bore roedd y
nos wedi igam-ogamu hyd ymyl cae. A doedd hi ddim yn afon,
eto.

RIVER LLYFNI

Grug Muse
Girls like us

And she wasn't
a river yet, she was
a leveret, side-stepping
the edge of a field she
was brown stones and
sticklebacks and reeds. She
wasn't a river yet where we
were with our cider bottles
and Pringles trying to pitch a
tent. Struggling, wild on our own
laughter and sugar and £1 feasts from
Iceland. She wasn't a river yet at the corners
of the blurred selfies shot on cheap digital cameras,
as the night tried closing in about us – but it was June
and you were talking about the things that the boys had
asked you to do, asked you to be and the things you could,
tried, liked. And someone was trying to start a fire, and she
wasn't a river yet, she was a leveret and you were talking to
us about what you'd have liked to say, to do. It was getting cold
and you slept with your head under her arms and on my leg
and her elbow in your stomach and in the morning the night
had zigzagged to the edge of a field. And she wasn't a river,

yet.

AFON GLASLYN

Manon Awst
Aberglaslyn

Seiliwyd y cob ar obaith
drwy rwydo'r dŵr ar ei daith,
a throi'r aber yn erwau
o'r bont yn estyn i'r bae.

Welwch chi nawr weilch yn hel,
yn treisio drwy'r tir isel,
lle bu dyfnder a cherrynt
i gwch y pysgotwyr gynt?

Ond mae'r ardal erstalwm
yn y cof fel creigiau'r cwm –
sylwch ar y ffosiliau
heddiw'n y pridd yn parhau.

RIVER GLASLYN

Manon Awst
Aberglaslyn

The hope was the cob would catch
the water on its way,
and arrest the estuary
into acres from bridge to bay.

Do you see the preying ospreys
ravaging the remaining river
where the sea once surged
in depth for fish and fisher?

Here we witness wetness
sculpted in stone –
seas confessing in fossils
histories beyond our own.

RIVER DWYFOR

Zoë Brigley
Swimming at the Dwyfor

Before I left, she asked *Are you going alone?* By which she meant
without a human companion, and she was right, though I

was not on my own, the golden water winking and shimmering
on the surface, plunging over rocks and shifting silt and

tiny stones of the riverbed, the grasses of the riverside flaming
green, dark holly snatching at bare legs, delicate bramble bristles,

not to mention ghosts on the banks in their suits of mist
and thistledown. The river itself rushes by in flight not

from a crocodile, demon, or troll, but from a man who
rises from the source, out of the lake water. There is little here

to be afraid of except other people. Like the dogwalker,
face flushed, who looked me up and down and asked:

Are you going swimming? To which I replied: Yes. Then he
said something more that I couldn't quite hear because

I was smiling but turning away. I found what I wanted
there in the water, a dark chill like the bronze of armour.

AFON DWYFOR

Zoë Brigley
Nofio yn Afon Dwyfor

Cyn i mi adael, holodd *Wyt ti'n mynd dy hun?* Golygai
heb gwmni pobl, ac mi oedd hi'n iawn, er doeddwn i ddim

ar fy mhen fy hun, y dyfroedd aur yn wincio a disgleirio
ar y wyneb, yn llamu tros greigiau ac yn gogri llaid

a cherrig mân gwely'r afon, y gweiriach ar y glannau'n fflamau
gwyrdd, celyn tywyll ar goesau noeth, blewiach brau y drain,

heb sôn am ysbrydion ar y dorlan yn eu siwtiau o darth
a phlu'r ysgall. Rhuthra'r afon ei hun, yn ffoi, nid

oddi wrth grocodeil, diawl, neu ellyll, ond oddi wrth ddyn
sy'n codi o'i tharddiad, o ddŵr y llyn. Prin yw'r pethau

sy'n codi ofn ar wahân i bobl. Fel y boi yn mynd â'i gi am dro,
ei wyneb yn wridog, yn edrych arnaf yn araf a gofyn:

Wyt ti'n mynd i nofio? A finna'n ateb: Ydw. Yna
dywedodd rywbeth na chlywais yn glir

â finna'n gwenu a'm cefn ato. Darganfyddais yr hyn a geisiwn
yma yn y dŵr, ias oer dywyll fel efydd arfwisg.

NANT PWLFFORDD

Siôn Aled
Ffiniau

Fel ffin genedlaethol, o afonydd y byd,
rhaid bod ti'n o agos at y lleiaf i gyd,
wrth Saint Lawrence, Zambezi, y Tigris a'r Rhein
a Thamar, dy chwaer Geltaidd, does i ti fawr o sglein.

Hawdd iawn yw dy fethu mewn car neu ar droed
rhwng Wrecsam a Chaer, heb na llwyni na choed
i ddweud dy fod yno, a'th lif, wel fawr ddim,
a Dyfrdwy, nid nepell, yn gadarn a chwim.

Ac ia, nant ydwyt, ellir disgwyl fawr gwell,
dy led nid yw'n heriol ac ni chrwydri ymhell,
ond cofia, Nant Pwlffordd, fod llecynnau llawn hud
lle mai tenau a chul yw y ffin rhwng dau fyd.

PULFORD BROOK

Siôn Aled
Borders

Of rivers as borders, in the league of the world
you would have to admit that you're pretty absurd,
Saint Lawrence, Zambezi, the great Rhine guarding France,
and the Tamar for Cornwall – you haven't a chance.

It's so easy to miss you, on foot or on wheels
between Wrexham and Chester, no tree row reveals
that you even exist. You're just slinking your way,
while the Dee is so mighty, a few fields away.

And, yes, you're only a brook, and brooks aren't that wide
and crossing your border's not much more than a stride,
but on this earth, beyond maps, there's many a place
where the border is fragile as two worlds embrace.

AFON DWYRYD

Lee Green
Ulw

Mis Ebrill a'r briallu'n darfod,
mi es i bont lle bu brithyllod
yn nofio'n chwim rhwng coesau 'nhad,
gwialen yn ei ddwylaw,
llawn mwynhad,
hen heddwas heddychlon
yn hel ei feddyliau.

Lluchio'i lwch i'r dŵr
i gadw hen addewid
ac yntau nawr
yn addfwynbryd i afon Dwyryd.

Yr ergyd ar fin fy moddi
ger gorffwysfa Pryderi.
Fy holl sylw'n finiog
wrth i'w ulw ddiflannu,
a'r dŵr yn ein cyfannu.

RIVER DWYRYD

Lee Green
Ashes

April as the primrose ceases,
I go to a bridge where trout
once swiftly swam
between my father's legs,
rod in hand,
full of delight,
a peaceful old policeman
gathering his thoughts –

I throw his ashes into the water
to keep an old promise.
He becomes now
gentle repast of the Dwyryd.

The blow about to drown me
near Pryderi's resting place.
The sharpness of my attention
as his ashes disappear
and the water completes us.

AFON DWYRYD

Sian Northey
Ysgariad

Mae 'na gei yng Ngelli Grin.
A phan oedd y byd yn wahanol
roedd yn eiddo i ni.
Inc coch y gweithredoedd
yn hawlio'r wal a'r grisiau.
Ond gwerthwyd caeau,
datodwyd cwlwm rhaff,
clywais sŵn y trên,
a gwelais gwch olaf y Philistiaid
â rhywbeth yn ei howld
yn hwylio am Ynys Cyngar
a gwynt y môr.

Y Philistiaid oedd yr enw ar y cychwyr a gariai lechi cyn dyfodiad
Rheilffordd Ffestiniog.

RIVER DWYRYD

Sian Northey
Divorce

There is a quay at Gelli Grin.
And when the world was different
we owned it.
Red ink on legal deeds
claimed the wall, the steps.
But fields were sold,
tarry ropes unknotted,
I heard the clatter of the train,
and saw the Philistines' last boat,
her hold full of something,
sail for Ynys Cyngar
and the sea, and the wind.

The boatmen who carried slate down the river, before the train did the work,
were known as Philistines.

AFON PRYSOR

Meleri Davies
Llyn Can Bwch

Wyt ti'n rhan o lif y stori tybed?
Dyna fy nghwestiwn ar lan pwll diwaelod fy mhlentyndod
cwta filltir o Domen y Mur
fel hed y frân neu'r eryr
neu'r dylluan.

A welaist ti gryndod y blodau lle bu ei throed?
Deimlaist ti wrid eu serch yn euro'r graig
cyn i waed ei rhuddo'n goch?
Neu ai rhuthr gwyllt y dŵr fynnodd dy enw yng nghafn y pwll?

Dyma a ystyriaf, wrth dynnu esgidiau a diosg haenau
a llithro i'r dyfnder ble mae cywilydd a chwedlau
yn gallu cuddio rhag golau dydd.
Fy mreichiau'n aredig mawn fy meddyliau yn gwysi tua'r lan.

Mae'r ewyn yn borth petalau yn aros amdanaf
wrth i 'nghorff blymio yn waywffon eofn
i ddyfnder yr afon gyfarwydd hon.
Ac er i darddiad dy enw ddiflannu dan dorlannau
efo'r brithyll brown,
dwi'n teimlo'r ias yn lledu'n geinciau
yn llif fy stori innau.

RIVER PRYSOR

Meleri Davies
Llyn Can Bwch

What's in your name, 'Llyn Can Bwch'?
That is my question on the bank
of my childhood's darkest pool;
two miles from Tomen y Mur
as the crow flies, or eagle, or owl.

Did you see petals quivering where she touched?
Did you feel the heat of their love blushing gold
before the rocks were stained in blood?
Or did the simple rush of rapids give you your name?

This is how I muse, whilst taking off shoes,
un-layering, slipping into your water
where legends and shame hide from the sun.
Mind and body held in your earth-filled water.

And I dive, bold as a spear
through your flowerbed foam
into the murky hollow of our past
where your name hides with the brown trout.
And from this darkness of myths and legends
I emerge, blessed and wanting
in the ripples of my own story.

AFON TWRCH

Haf Llewelyn
'Nôl i afon Twrch

Mae yn dy eiriau dwyflwydd,
wedi ystyried, synnwyr.
Fe welest ti hi, *whish mynd*,
yn neidio o garreg i garreg,
cyn plymio wedyn, o raid
dan wyneb y dŵr i chwilio.
Fe wyddost y cwyd hi eto,
ei bron yn fflach o olau
ger y geulan.

Ennyd yn unig yr arhosi dithau
yn deithiwr bach dwyflwydd.
Fel bronwen y dŵr, bydd llif yr afon
yn dy dynnu ymhen amser
i'r pyllau gwell.

Ond deil hithau
ambell ddafn o afon Twrch
ymhlyg yn ei phlu,
mae'n debyg.
Oherwydd – ambell waith
mi dybiaf i mi glywed eto
dy eiriau dwyflwydd
yn goleuo'r amser
sy'n stelcian
gyda'r dŵr llonydd
dan y geulan.

RIVER TWRCH

Haf Llewelyn
Return to the Twrch

Your babbling words hold,
it seems, a truth.
Watching her dart from rock to rock,
diving, foraging under the cool surface –
Whish gone – you named her
knowing she would appear again,
her feathers a flash of light
in the shadow.

Briefly, you will stay
a toddling traveller,
and in time you will follow the dipper,
downstream, seeking
better pools.

But she may
have kept a few beads of the Twrch
folded in her feathers.
For sometimes I seem
to hear again your babbling words
as they illuminate the hours
that linger,
in the still waters
beneath the river bank.

NANT GWERNOL

Mair Tomos Ifans
Glannau Gwernol

Yn fy ngwâl yn Stryd y Dŵr
awn i gysgu i swyn dy hwiangerdd a deffro i rythm dy ddawns.
Pob dydd Sadwrn, a gwyliau'r Pasg a'r Llungwyn
a hir-ddyddiau'r haf yn Ddiolchgarwch braf,
yn rhyddid o welintons duon ac anoracs gwyrddion,
yn sticyl-bacs mewn pot jam a *bydda'n ofalus* Mam.
Cloddio'r gro dan Bont y Gamallt, creu cerrig camu'n uwch fyny,
cosi pysgod ac ofni slywod a llygod mawr, mawr fel cathod.
Bagio a bagio'r brwgliach pigog nes ei drampio'n fwythdod,
yn nythod i freuddwydio.
Cuddio'n y jyngyl o riwbob gwyllt, saethu pys drwy'r coesau crin,
croesi'r beipen siwrij, heb afael – a chael drwg am wneud.
Heddiw piciais lawr at Bont y Gamallt; chwyn yn cuddio'r gro,
dim sôn am gerrig camu a'r brwgliach wedi ei strimio'n swrth.
Dieithriaid sy'n hawlio'r jyngyl –
blodau pinc, ffens fach blastig a mainc daclus parc dinesig.
Eisteddais ar y fainc i wrando dy hwiangerdd
– a chael drwg am wneud.
Nid y fi sydd piau dy lannau bellach; mae'r drain wedi'u difa,
dy dorlan wedi ei dwyn a rhwystrau ar draws yr wtra i'r Bacia',
does 'run ffordd drwodd rŵan na'r un ffordd 'nôl.
Ysu i fynd wnes i, a mynnu dilyn dy li i'r dyfroedd eang,
i'r môr mawr, a chael siom fod hwnnw mor hallt.

GWERNOL STREAM

Mair Tomos Ifans
Glannau Gwernol

In my lair in Water Street your lullaby charmed my sleep
and I awoke to the rhythm of your dance.
Every Saturday and holiday – Easter and Whitsun
and the long, long days of summer – a delightful Thanksgiving
for a freedom of black wellingtons and green anoraks,
of sticklebacks in jam jars and Mam's *be careful*.
Digging the gravel beneath Pont y Gamallt,
creating stepping stones further up,
tickling fish and dreading eels and big, big rats like cats.
Treading brambles into a trampled caress, a nest for dreaming.
Hiding in the knotweed jungle, pea shooting through arid stalks,
crossing the sewage pipe, no hand holds – and being scolded.
Today I nipped down to Pont y Gamallt; weeds shade the gravel,
no sign of stepping stones, the brambles strimmed into lethargy.
Strangers have claimed the jungle –
pink flowers, little plastic fence, and a tidy city-park bench.
I sat on the bench to listen to your lullaby – and was scolded.
I no longer own your riverbank;
the thorns eradicated, your banks stolen,
obstructions placed accross the *wtra* to the Bacia',
there is no way through and no return.
I yearned to go, to follow your flow, to the deep, broad waters
to the big vast sea, and now I despair at its saltyness.

RIVER ANGELL

Suzanne Iuppa
The Lampreys
swimming up the river Angell

On a June day moving chest to chest
Llew giggled over the current, spotting lampreys
coursing the slate bottoms with brown liquid bodies
gills and eyes,
full up on pheromones
milt and eggs,
twisting, rippling
catching the stones
sucking the substrate
each writhing like a leather strap.

Ifor says *this river used to be alive with eels*
and he meant lampreys
ghost-prints of elvers running over gravels
holding their own in the current
homing, jawless
thick muscle pulled into uphill channel
what a proof of love
to lie prone in the current and be rasped
hollowed out, limb by limb, stone by stone.

AFON ANGELL

Suzanne Iuppa
Y Lampreiod
nofio i fyny afon Angell

Ar ddiwrnod o Fehefin, symud frest wrth frest
Llew yn chwerthin uwch y cerrynt pan wêl lampreiod
yn dilyn llechi'r gwaelod a'u cyrff yn hylif brown
tagellau a llygaid,
llawn hormonau
llaeth ac wyau,
yn troelli, crychdonni
dal y cerrig
sugno'r swbstrad
pob un yn gwingo fel strap lledr.

Dywed Ifor fod *yr afon hon yn fyw o lysywod*
ac mae'n golygu lampreiod
ysbrydion llyswennod ifainc yn llifo dros y graean
dal eu hunain yn y llif
y dienau'n dod adref
cyhyr trwchus wedi'i dynnu i sianel serth
am brawf o gariad
yw gorwedd yn dorweddol a'r llif yn naddu
pantiau, fraich wrth fraich, carreg wrth garreg.

AFON DYFI

Sam Robinson
Y Gwrandäwr

O'r llyn yng nghesail yr Aran
daw'n nant â'i bwrlwm
yn beichio'n anadl
ar y creigiau
llyfn-las
noeth.

Daw'n afon
yn ei thro, yn llifo'n
siŵr, heb hast, ac weithiau
mewn llid di-baid.

A phob diferyn o law a chwys a gwaed,
pob deigryn sy'n disgyn i freichiau'r
bryniau hyn; mae pob un yn dilyn
y dynfa ar hyd deilen, trwy bridd
a ffos a nant a gro
i glust y dŵr.

RIVER DYFI

Sam Robinson
The Listener

From the lake under Aran's arm she
becomes a stream with her bustle
bursting into breath
on the naked
smooth-blue
rocks.

She becomes a river
in turn, flowing
sure, without haste, and sometimes
in ceaseless rage.

And every drop of rain and sweat and blood,
every tear that falls into the arms
of these hills; each one follows
the pull; along leaf, through soil
and ditch and stream and stones
to the water's ear.

RIVER RHIW

Pat Edwards
The Talk of the Village

In a place where black and white houses
make for pretty scenes, beware the hidden
tones of inner lives imagined in full colour.
Only in summer do you see the exposure,
mass of rock laid bare like darkest secrets.
In winter it knocks you off kilter, sends white
force gushing down, water loud as idle talk.
They gossip about it in the little shop, pubs,
Lychgate Tearoom, Andrew Logan Museum.
Huge blocks kick currents round their bulk,
toss spumes from the angry river Rhiw,
as it argues asking for new directions.
Speculation slips on past the tennis courts,
those fancy houses lounging on the left bank,
drives tiresome tittle-tattle out of the village,
dirt dished all the way to the whispering outskirts.
Those tilting slabs that throw the river Rhiw
off course, causing such a stir in December,
are seen for what they really are in June,
yn ddim ond clebran, clebran, clecs, clecs, clecs.

AFON RHIW

Pat Edwards
Y Stori yn y Pentref

Ble mae'r tai du a gwyn
yn ddarlun del, gochelwch rhag arlliw
o fywydau mewnol wedi'u dychmygu'n llawn lliw.
Dim ond yn yr haf y gwelwch chi'r rhain,
y meini moel sy'n gyfrinachau tywyll.
Yn y gaeaf cewch eich taflu oddi ar eich echel, y nerth
gwyn yn llifo'n wyllt, a rhuo'r dŵr fel sgyrsiau gwamal.
Trafodant bethau yn y siop, y tafarndai,
caffi Lychgate, Amgueddfa Andrew Logan.
Blociau anferth yn rhoi hergwd i'r cerrynt o'u cwmpas,
yn taflu ewyn afon Rhiw biwis, flin
wrth iddi ddadlau a holi am lwybr newydd.
Mae'r dyfalu yn llifo heibio'r cyrtiau tenis
a'r tai crand sy'n gorweddian ar y glannau,
yn danfon rhyw fân jangls allan o'r pentref,
yn rhannu amheuon yr holl ffordd at sibrydion y tai pellaf.
Mae'r crawiau cam sy'n taflu afon Rhiw
oddi ar ei llwybr, sy'n creu y ffasiwn stŵr fis Rhagfyr,
i'w gweld fel ag y maent fis Mehefin,
yn ddim ond clebran, clebran, clecs, clecs, clecs.

RIVER HENGWM

Si Griffiths
Afterdrop

That January, each day, we returned to your banks,
mist pockets hung over your freshly glazed ground.
Afon Hengwm, Old Valley River, waters colder than snow,
an embrace that burnt all day, set my cauldron alight.

That morning, we broke ice and still you refused to be fixed,
for what name can contain your current, that force,
two hands to yank me under, skin my shins on sharp slate
shingle. And that night, toes stitched by shards of ice,
I tried double-paired socks, a water bottle
and fire-warmed brick, but nothing could heat my core.

For you held me submerged in dreams of a snowball Earth,
the reset so harsh, the antiseptic cleanse,
the returning bite of that glacier which first cut your course.

AFON HENGWM

Si Griffiths
Ôl-oeri

Yr Ionawr hwnnw, bob dydd, daethon ni'n ôl at dy lannau,
a'r darnau tarth yn hancesi uwch y tir newydd rewi.
Afon Hengwm, mor hen â'r cwm, a'i dŵr yn oerach na'r eira,
coflaid a daniodd drwy'r dydd, a rhoi 'nghrochan ar ferw.

Y bore hwnnw, fe dorron drwy'r rhew, ond nid oedd dofi arnat eto,
oherwydd does enw all gynnwys dy gerrynt, y grym hwnnw,
dwy law i'm tynnu mewn, a sgathru 'nghoesau ar raean miniog
dy lechfaen. A'r noson honno, a'm bodiau wedi'u rhwygo gan rew,
ceisiais gysur sanau dwbwl, potel ddŵr poeth
a bricsen wedi'i thwymo â thân, ond heb gysur i 'nghraidd.

Gan i ti fy nal mewn breuddwyd am fyd dan rew,
yr ailosod mor llym, dyfnder y diheintio,
y rhewlif a ysgythrodd dy gwrs yn brathu eto.

RIVER SEVERN

Natasha Gauthier
The Severn at Llanidloes

is not yet fearsome
a tame *cath drilliw*

green eyes dreaming
of downstream exploits

it will sprawl and yawn
cleave the border

bend a cocky knee
at Gloucester's altar

swell with tide-temper
swim against its silted self

lose its accent and its name
disgorge Welsh soil

to roar salty English
at Flatholm and ships' dogs

AFON HAFREN

Natasha Gauthier
Hafren yn Llanidloes

nid yw eto'n chwyrn
cath drilliw ddof

llygaid gwyrddion yn breuddwydio
am anturiaethau ar i waered

bydd yn lledu ac yn llifeirio
wrth groesi'r ffin

a throelli'n ddireidus
ger allor Caerloyw

chwyddo â llid y llanw
yn nofio yn erbyn ei hun drwy ei llaid

colli ei hacen a'i henw
gwaredu gwaddod Cymru

yn rhuo mewn Saesneg hallt
At Ynys Echni a chŵn y cychod

RIVER LUGG

Chris Kinsey
Lugg Lines

Lowland Lugg was my lullaby,
flood roars and gravel gossip, nursery action songs.
First teacher, you showed me how to read depths
and currents, schooled me in balance,
softened my steps with water crowfoot,
made me a wader not a wild swimmer.
I chased shoals of minnows through grayling-coloured waters,
stocked my old baby bath with jam-jar catches,
broke your skin skimming stones, breached your deeps.
Winding unravelled wool, crinkly as your course,
I learned of Granddad's river-love. Each meander charmed
him too, crooked him from boyhood on Presteigne's banks,
downstream through trout pools to work, daughters
and early death fishing from the meadow where I wreathed
wild flowers and watched mayflies hatch.
Sixty years on, a salmon urge spurs me to seek the source.
Two channels carve Pool Hill's side.
Just below the bilberry-bracken line
they meet in the cleft
between Rhos Crug and Cnwch Bank.
No sheds or silos in sight –
the fonts of the infant Lugg are emerald with water silk.

AFON LLUGWY

Chris Kinsey
Llinellau Llugwy

Llugwy'r iseldir oedd fy hwiangerdd,
rhuo'r llifogydd a chlebran y graean, caneuon cynnwrf plentyndod.
Ti oedd fy athrawes gyntaf, yn dysgu darllen dyfnder
a cherhyntau, a doniau cydbwysedd,
gan leddfu 'nghamau â chrafanc y dŵr;
ni chreaist nofiwr afon ohonof ond troediwr drwy'r dŵr.
Cwrsais heigiau'r brithyll drwy ddyfroedd penllwydaidd,
a'm hen faddon babi'n hafan i'm helfeydd,
crafu dy wyneb â cherrig yn neidio, tresmasu hyd at dy waelod.
Wrth droelli'r gwlân gwyllt, yn grych fel dy gwrs dithau,
dysgais am dynfa Taid atat. Hudodd dy droeon
yntau hefyd, ei ddal atat o'i febyd ar lannau Llanandras,
dy ddilyn islaw drwy byllau'r brithyll i'r gwaith, geni'r merched
a marw cyn ei amser wrth bysgota o'r ddôl lle plethais
flodau gwylltion a gwylio deor y gwybed.
Â thrigain mlynedd heibio, daw ysfa'r eog i ffeindio'r ffynhonnell.
Llwybrau dwy sianel drwy fryniau Llangynllo.
Ychydig islaw ffin y llus a'r rhedyn
cyfarfyddant yn yr hollt
rhwng Rhos Crug a Llethr y Cnwch.
Heb olwg na sied na seilo —
mae ffrydiau geni Llugwy yn emrallt gan sidan y dŵr.

RIVER YSTWYTH

Jo Mazelis
Reading Water

The garden ran down to the river.
We rented heaven for a season. Winter dark
all those months while Persephone was locked away.
My room had two windows, two views.

The hill rose up behind, a green hump from a dream
where a solitary horse stood. Elsewhere the Ystwyth
snaked away and a heron blessed it now and then.
Always the river beneath us. Sometimes running

high and fast. Or still and full of mysterious secrets,
where in a turn, a curve, beside a jutting rock,
salmon hung, like fat clubs of silver.
When he pointed to the fish, mesmerised

in the river's depths, I mistook it for love.
I wrote it first in my heart. Now here.
No one scorns the gullibility of a hooked fish,
nor the vulnerability of girls raised on tinned fish only.

AFON YSTWYTH

Jo Mazelis
Darllen Dŵr

Ymestynnai'r ardd hyd at yr afon.
Ninnau mewn paradwys rhent am dymor. Tywyllwch gaeaf
yr holl fisoedd â Perseffoni yn gaeth.
Roedd dwy ffenest yn fy stafell, dwy olygfa.

Codai'r bryn tu cefn, twmpath glas o freuddwyd
a cheffyl unig. Mewn lle arall afon Ystwyth
yn nadreddu, yn derbyn bendith achlysurol crëyr.
A'r afon islaw i ni yn gyson. Weithiau'n llifo

yn uchel a chwim. Neu'n llonydd, yn llawn cyfrinachau,
ac ym mhlyg yr afon, ar y tro, ger y graig,
oedai'r eogiaid, fel pastynau arian tewion.
Pan bwyntiodd atynt, wedi'u swyno

yn nyfnderoedd yr afon, camgymerais hyn am gariad.
Cofnodais ef gyntaf yn fy nghalon. A heddiw yn fan hyn.
Ni ddirmyga neb hygrededd y pysgodyn ar y bachyn
na diniweidrwydd merched a fagwyd ar bysgod tun yn unig.

RIVER USK

Stevie Krayer
Pencelli

More parkland than farmland
this part of the canal: a flowery marina
where well-coiffed narrowboats snooze –
Bethan, Megan, Blodwen, Nerys.
Even Hannah Snell in her manly
battledress is merely decorative.

A smudge of cloud slips sideways
and there's the scimitar of Pen y Fan.
We're not two miles from a terrain
known to kill fit young squaddies.

As if to prove the point, wild twisted trees
close in – and there, with a sharp frisson
as if you'd spotted a snow leopard
in a cowfield: the Usk.

Soft-pawed, it picks an unhurried way
of least resistance, leaps smoothly
from rock to rock, never pausing
till, upstream, it bares its fangs
and you can hear it snarl among the rapids.
It's close here, the once and future realm.

AFON WYSG

Stevie Krayer
Pencelli

Tebycach i barc na phorfa
yw'r rhan hon o'r gamlas: marina lliwgar
lle mae cychod culion moethus yn hepian –
Bethan, Megan, Blodwen, Nerys.
A hydnoed Hannah Snell yn ei gwisg filwrol
ddynol ond fel dan addurn.

Llithra dernyn o gwmwl o'r neilltu
a dyna lafn Pen y Fan.
Lai na dwy filltir i ffwrdd mae tirwedd
sy'n lladd milwyr heini yn eu hieuenctid.

Ac i eilio'r ias, cwyd coed gwyrgam gwyllt
o'n cwmpas – ac yna, gwefr
fel gweld llewpard yr eira
mewn cae gwartheg: afon Wysg.

Ar bawennau melfed, llithra heb frysio
ar y llwybr llyfnaf, gan neidio'n ystwyth
o graig i graig, heb oedi fyth
hyd nes, fan draw, mae'n ysgyrnygu'i dannedd
ac yn rhuo drwy raeadrau.
Mae'n agos yma, y deyrnas a fu ac a fydd.

AFON RHEIDOL

Hywel Griffiths
Cyffes

Bob min nos mi arhosaf
fan hyn a gofyn a gaf
le o hyd ar wely hon
i ddweud fy holl waddodion
a derbyn cymun rhag hen
alar rhwng breichiau'r ddolen.

Diwaelod ym Mlaendolau
yw'r gro hyn sy'n trugarhau,
yno mae doethineb mud,
a chlust, a choelio astud
ym mylchau mân ceulannau
a thrwyddynt gerrynt yn gwau.

Fe wn, pan chwyddaf innau,
lli hon a ddaw i'm lleihau,
yn ei rhyd ei gro ydwyf,
ger Rheidol, ymledol wyf,
llwch yn heddwch ei noddwr,
gronyn yn dilyn y dŵr.

RIVER RHEIDOL

Hywel Griffiths
Confession

I wait each night
and ask
for a space on her bed
to speak my load of sediment,
to take communion
against an old grief
in the meander's embrace.

The merciful gravels
at Blaendolau have no base,
there is quiet wisdom,
a willing ear, an attentive trust
in riverbank pores
through which currents weave.

I know, in a swell of pride
that her flow will break me down.
I am her riffle-gravel;
in Rheidol I am invasive,
dust in the peace of its patron,
a grain following the water.

AFON RHEIDOL

Meg Elis
Chwiorydd

Y ddwy whâr fowr?
O, hi Sabrina –
yn gynnar, ar hast i swyno'r Saeson
gan adel ar ôl simneie Pumlumon.

A tithe, Gwy ganol,
yn llyfn, ond yn gaeth
yn y llwgrwobrwyon
sy'n bell o simneie glân Pumlumon.

A finne?
Ti fel heddi a fory, ferch.
Ond heddi y slipes i'n syth o'r simdde
wap i lendid yr Aber, heb fod bell o gatre.
Lle mae sdil llygredd, a phŵer o Saeson
yn cripad yn nes at simneie Pumlumon.

RIVER RHEIDOL

Meg Elis
Sisters

The ugly sisters?
Sure, there was Sabrina,
Sais-seduced, slithering, hurrying
in haste from the chimneys of plebeian Pumlumon.

And you, all the wonders-on-Wye:
wondering why there's no prince –
only the ashes of a dead river
so far from Pumlumon.

And me?
Today would be good.
So today, in a swirl of cinders
I slipped home to my glassy sea,
ignored the pollution of Sais seduction
while midnight crept closer to my pure Pumlumon.

RIVER TEIFI

Nick Rawlinson
An Englishman's love for the Teifi

This skein of green and silver threads is not mine. Woven by
the hills it comes, washing hiraeth out of family farms, roadside
to the sea. A spectator on the bankside, I crowd the edge,
dip my ignorant toes: a tourist balsam; colourful, shallow-rooted;
imported by the glorious summer light. A drifting seed. My gaze
adds nothing to the curated ruins on the tempered crags.
When I marvel, open-mouthed, at slate-black fish-leap falls
and coracles high adrift on walls, it goes unnoticed. I'm dumb
spun like paddled water. Less native to this stream than a coke
can; bobbing from infoboard to infoboard, interpreting history
in bite-size sips, my tongue spit-tangling the names: Cenarth,
Cilgerran, Aberteifi. A beginner at this verbal banquet, I grab
small food-in-hand words, sucked from the river's sibilance
– *sglodion, bara brith, hufen iâ* – then scuttle away, glad
for such torn-napkin treasures, shucked from Cymraeg's shore.
This River Is Not Mine. But yet – its threads weave through me.
Its reflections hold my stories: give my feelings a skin, re-
fill old crab buckets, launch gulls into the sky, pull me in
a tidal rush to waves that plunge in unimaginable colours, kiss
the feet of moonstruck headlands, arch like dolphins' backs,
then leave me in awe of ordinariness, of days as bare as
mudflats, down-dampened by the evening, curlew plaiting
contented pigtails in my daughter's salt-combed hair.

AFON TEIFI

Nick Rawlinson
Y Sais sy'n caru afon Teifi

Nid fy eiddo i yw'r gengl hon o edau gwyrdd ac arian. Mae'n we
o'r bryniau, a golcha hiraeth o fferm y teulu ar ei ffordd
i'r môr. Rwy'n wyliwr ar ei glannau, yn sigo'r dorlan,
bracso'n anwybodus: Jac y Neidr, lliwgar, bas ei wreiddiau
ddaeth efo heulwen wych yr haf. Hedyn ar grwydr. Ni ychwanega
fy llygaid i ddim at yr adfeilion ar y creigiau caled.
Pan ryfeddaf yn gegagored at raeadrau llech-ddu, pysg-lam
a choryglau ar barwydydd ymhell o'u cynefin, does neb yn sylwi.
Rwy'n troi fel pwll. Yn llai o frodor yn yr afon hon na chan o
gôc; yn nofio rhwng byrddau gwybodaeth a dehongli hanes
trwy fras nodiadau, fy nhafod yn clymu poer yr enwau: Cenarth,
Cilgerran, Aberteifi. Megis dechrau ar y wledd yw dal y geiriau
bach rhwng bys a bawd, eu sugno o siffrwd cyflythrennol yr afon
– *sglodion, bara brith, hufen iâ* – ac yna'i heglu hi, yn falch
o'm trysorau mewn pwt o napcyn, wedi'u plicio o lannau'r iaith.
Nid Fy Afon i Yw Hon. Ac eto – mae ei hedau yn gwau trwyddaf.
Mae'n ddrych i'm straeon, yn groen i'm teimladau. Ail-
lenwa'r hen fwcedi crancod, tafla wylanod i'r awyr, a'm tynnu i
yn rhuthr y llanw i donnau o liwiau na allaf eu dychmygu,
cusana draed pob penrhyn lloerig, cryma fel cefnau dolffiniaid,
ac yna fy ngadael â pharchedig ofn y cyffredin, y dyddiau moel fel
traethau mwd yr aber yng ngwlybaniaeth y cyfnos, a'r gylfinir
yn plethu gwallt hallt fy merch yn igam-ogam bodlon.

RIVER TEIFI

Samantha Wynne-Rhydderch
Coracle on the River Teifi

The only thing between your feet and the river
is a calico sheet and a lick of bitumen

stretched over a basket of willow. A coracle
is a craft, something between walnut and raft

that is so flat it can float unnoticed
by salmon bubbling in the Teifi's breath.

The best time to go fishing is if
you can count seven stars at a glance.

It's a craft to hold the net taut and trace
a figure of eight with your paddle to propel

the coracle to a place where you've no choice
but to drift and float, float and drift

at the river's pace until a flicker from net to wrist
tells you to close in on your fishing partner

in a slow water dance. You crawl up the bank
under the burden of your woven boats

follow the course of the river homewards
towards its source while the salmon flash past.

AFON TEIFI

Samantha Wynne-Rhydderch
Cwrwgl ar afon Teifi

Yr unig beth rhwng dy draed a'r dŵr
yw cynfas calico a haenen o byg

wedi'i festyn dros fasged o wiail. Cwrwgl
a'i ddawns, rhywbeth rhwng plisgyn cneuen a bad

mor wastad fel y gall nofio yn ddiarwybod
i'r eogiaid sy'n creu swigod o anadl afon Teifi.

Yr amser gorau i bysgota yw pan ti'n medru
cyfrif saith seren ar yr olwg gyntaf.

Mae'n ddawn dal y rhwyd yn dynn ac ysgythru'r
rhif wyth â'th rwyf i yrru

y cwrwgl i fan lle nad oes dewis
ond nofio gyda'r llif, llifo gyda'r dŵr

ar gyflymder yr afon hyd nes daw plwc o'r rhwyd
i'r arddwrn, yr arwydd i glosio at dy bartner

mewn dawns araf ar y dŵr. Yna cropian i fyny'r dorlan
dan bwysau gwe ac anwe dy gwch

a dilyn yr afon sia thre,
tuag at ei tharddiad, a'r eogiaid yn gwibio heibio.

AFON TEIFI

Menna Elfyn
I'r lan wrth bont Henllan
(Gan gofio am y carcharorion rhyfel mewn cabanau yn Henllan)

Law yn llaw yn ymyl Henllan,
myfi a 'nhad yn pipo'n deir
dros bont ac yntau'n datgan:
Weli di'r chwrligwgan fanna'n
nesáu at y trobwll? Ei lyncu – glatsh –
fydd dim modd ei achub wedyn.
Difancoll. Pwyad o air ar ei wefus,
Pe bawn i'n syrthio – dyna fyddai
fy niwedd innau, medd yn alarus.
Achau yn ôl oedd hynny ond dal
i gofio'r hunllef wyf cyn cofio nawr
am garcharorion rhyfel o'r Eidal
fu'n bwrw i'r dwfn, eu hofnau'n
loyw lân gan baderau'r llif.
A thybed ai wfftio wnaethon nhw
fel Heraclitus – *nad oedd camu*
i'r un afon ddwywaith, na chwaith
ofni pwll tro yng nghysgod angau
fan draw, gan ymwroli heb oedi
i'r ffrydiau roi Offeren, a'u hymolch
yn ysgrif y llif, yr eiddoch – gyda diolch.

RIVER TEIFI

Menna Elfyn
The Bridge at Henllan
(Remembering the Italian prisoners of war in the huts at Henllan)

Hand in hand in Henllan,
daydreamers, Dad and me,
down past the bridge where he declares:
See that whirligig wending?
The whirlpool will swallow him whole.
There's no coming back from this.
Oblivion. A nightmare from the black hole
beyond his lip. *If I fall,*
it's game over – amen, he teases.
And now he's crossed
I wake on darker shadows –
those prisoners of war who plunged
                    the depths.
And I wonder if it skims past
 – their river lineage sunken?
No man steps in the same river twice
as Heraclitus said, nor knows its fatal course.
From our dilute space
we bless the drift; praise
the lessons of flow. Yours forever – with thanks.

RIVER TEIFI

Kathy Miles
The Senility of Water

The river has lost its memory of otter.
In this new confusion it worships foam, mistakes
brown sludge for clumps of fallen club-rush.

It stutters over pebbles, babbling all the time
about trout and salmon, remembers days
when lamprey coiled along the gravel beds.

The river has lost its language, searches
the banks in vain for dragonflies and frogs,
but the names choke in its throat;

limbs of water meander aimlessly round rocks,
flounder into tributaries. Eddies repeat
themselves, an endless purling of white noise.

I stand at the edge of the Teifi, ask
the way to the sea. It grins and gurgles at me,
and could be going anywhere at all.

AFON TEIFI

Kathy Miles
Henaint y Dŵr

Collodd yr afon bob cof am y dyfrgi.
Yn ei dryswch newydd mae'n addoli ewyn, yn camgymryd
rhyw laca brown am glystyrau o glwbfrwyn cwympiedig.

Atal deud arni dros y cerrig mân, parablu'n barhaus
am frithyll ac eogiaid, ac mae'n cofio'r dyddiau
â'r lamprai yn glymau ar y graean.

Mae'r afon wedi colli'i hiaith, chwilia
yn ofer hyd ei glannau am lyffant a gwas y neidr,
ond mae'r geiriau yn ei thagu;

ei choesau dyfriog yn stumio'n ddiamcan o amgylch creigiau,
yn baglu i'w llednentydd. Trolifau yn ailadrodd
ei gilydd, pwyth ar ôl pwyth o sŵn gwyn.

Safaf ar lannau afon Teifi, a'i holi
am y ffordd i'r môr. Mae'n gwenu a bwrlwmpo
ac fe all hi fod ar ei ffordd i unrhyw le.

RIVER NEVERN

Iris Anne Lewis
River Nevern at Newport

This river knows two languages.

Crymych-born, it skirts the Preseli hills,
flows through reedbeds, whispering
in Cymraeg. Its mouth spreads
through English-speaking mudflats.

In sunlight Newport is alive
with calls and cries in English
as tourists and day-trippers
invade the town and beach.

The river fights the tide,
surrenders to the sea.

Trefdraeth, Newport's doppelgänger,
murmurs phantom Welsh at dusk
as surf and foam ghost the shore.

Waves brush the sand and shingle,
sing ocean songs *ll... ll... ll...*
lulling Newport bay to sleep.

AFON NYFER

Iris Anne Lewis
Nyfer yn Nhrefdraeth

Mae i'r afon hon ddwy iaith.

O'i geni yng Nghrymych, ymlwybra is llethrau Preseli,
yn llifo drwy gorsydd y brwyni, gan sibrwd
ei Chymraeg. Lleda ei genau tuag at ei haber
drwy draethellau Saesneg.

Yn yr haul, mae Newport yn fyw
o sbri a sŵn yn Saesneg
wrth i dwristiaid dydd a hwy
oresgyn y dref a'r traeth.

'Rôl brwydro'r llanw,
ildia'r afon i'r môr.

Mae Trefdraeth, y gymdogaeth gynt,
yn sibrwd Cymraeg rhithiol yn y gwyll
wrth i'r ewyn gwelw drwblo'r glannau.

Wrth i'r tonnau gosi'r tywod a'r graean,
daw hwiangerddi'r cefnfor *//... //... //...*
i suo'r bae i'w drwmgwsg.

RIVER TYWI

Eluned Smith
Sir Gâr

I don't know if I'll ever feel what I did again
Writing love letters behind closed doors, like
the Valley boys do
They'll drive through a landscape and go home,
even though this is where they belong
acting like second-home owners
Juliet over the language barrier
with the dust and a humid grey morning
A friend of a friend of a friend
will whisper, *I almost stepped in*
What the boy with a rolling hill voice knew would end
as soon as we begin
He'll pick your flowers and make bouquets for other girls
he'll litter your fields and ask why the land
couldn't decompose it
he'll stand before the castle wall and tell you, you're the one,
what he means is
you're the one he'll tell the lads about after the weekend or
figuring-himself-out purgatory is over
As your heart is run over by water in the murky Tywi bed
he stands with his hand dimming the sun
saying there was a girl he knew here once
but he can't see her, as the source cuts through the ground
so gently

AFON TYWI

Eluned Smith
Sir Gâr

Wn i ddim a deimla i felly byth eto
yn sgwennu llythyrau caru tu ôl i ddrysau caeedig, fel
y gwna bechgyn y Cymoedd
Fe yrrant hwy drwy'r tirlun a mynd adref,
er mai fan hyn yw eu cynefin
yn ymddwyn fel perchnogion tai haf
Juliet dros ffin yr iaith
gyda'r llwch a bore llwyd llaith
A bydd ffrind i ffrind i ffrind
yn sibrwd, *Bu bron i mi ymyrryd*
Byddai'r hyn y wyddai'r bachgen â llais y bryniau yn gorffen
bron cyn i ni ddechrau
Bydd yn casglu dy flodau ac yn creu tuswâu i ferched eraill
bydd yn creu llanast ar dy gaeau ac yn holi
pam na all y tir ei bydru'n wrtaith
bydd yn sefyll o flaen mur y castell a dweud mai ti yw'r un,
ystyr hyn yw mai chdi yw'r un
y bydd yn adrodd ei hanes wrth y bechgyn wedi'r penwythnos
neu ar ôl i'r purdan ceisio-deall-ei-hun ddod i ben
Wrth i'r dŵr lifo dros dy galon ar wely llwyd afon Tywi
fe saif yno a'i law yn pylu'r haul
a dweud bod yna ferch roedd o'n arfer ei hadnabod yma unwaith
ond all o ddim ei gweld, wrth i'r tarddiad dorri trwy'r tir
mor dyner

RIVER LASH

Lesley James
Cleanliness is Next to Godliness *(attr. John Wesley)*

Paid â dweud dim byd wrth neb that I washed
my net curtains on the Friday of the Lesson of the Cross.
They are clean now, and through them I can see
that Penygroes is the centre of the earth.
  What river separates England from Wales?
I answer – *The Lash*. We paddle after Ysgol Sul
catch sticklebacks tinted with coaldust like kids' knees
feed Llyn Llech Owain sundew plants dead flies
slide down the tip on tea-trays, the lost limbs
of brothers and fathers somewhere in this pyramid
for their afterlife.
   We scoop trout like speckled cress, tickled from
a bank pool at Pont Lash, tainted grim with waste from us,
scrape grit from under our fingernails.
   All the friends I ever knew are going to Cwrdd
outside my window: it must be a sign – knotweed follows
the railway line. I washed my nets dirty in the Lash
on hands and knees, stones from the bank dug into my skin,
the grazes bled as I walked home.
   Absence changes the colour of memory
– *Duw it's new! This road, the open cast!* –
My cuts heal blue with dust but no-one sees
and God spills sun all over the sewage works.

AFON LASH

Lesley James
Glendid yw'r nesaf peth at dduwioldeb *(priodolir i John Wesley)*

Paid â dweud dim byd wrth neb i mi olchi
fy llenni net ar Wener y Groglith.
Maen nhw'n lân bellach, a thrwyddyn nhw galla i weld
mai Penygroes yw canol y byd.
    Pa afon sy'n gwahanu Lloegr oddi wrth Gymru?
Afon Lash yw f'ateb i. Rŷn ni'n padlo 'rôl Ysgol Sul
dal crethyll â staen llwch y glo fel pengliniau plant
bwydo cyrff pryfaid i chwys yr haul Llyn Llech Owain
slidro lawr y domen ar hambyrddau, a breichiau
a choesau coll brodyr a thadau rywle yn y pyramid 'ma
ar gyfer byd a ddaw.
    Codwn frithyll fel berwr brith 'rôl eu goglais
o bwll ger y lan ym Mhont Lash, yn frwnt o'n budredd ni,
gan grafu'r düwch oddi tan ein gwinedd.
    Mae'r holl ffrindiau fu gen i erioed yn mynd i'r Cwrdd
tu hwnt i fy ffenest: mae'n arwydd – mae'r clymog
yn dilyn y rheilffordd. Golchais fy llenni'n frwnt yn Afon Lash
ar fy ngliniau, suddodd cerrig y lan i 'nghroen,
gwaedai'r sgriffiadau wrth i mi gerdded adre.
    Mae absenoldeb yn newid lliw y cof
– *Duw, mae'n newydd! Yr heol yma, yr hobin cast!* –
Mae 'nghlwyfau'n mendio'n las dan lwch, ond ni wêl neb
ac mae Duw yn tasgu haul ar hyd y gwaith carthion.

RIVER LLIW

Natalie Ann Holborow
Shore Mares

Tucked between samphire and limestone,
ponies drag their hefts up the saltmarsh,
warm bellies heavy with foal. Each hoof
sucking itself free from mudflats,
exoskeletons of crabs drying like moon-crust,
crunching delicately underfoot.

The ponies sop to land's edges, eyes huge
and tender, brown as cherry-pits. Churning
wet marram, briny earth, currents
bucking around them – the sound of something
disappearing – as if the Earth were swallowing
shock, alarmed at her own quick waters,
cockles rattling her throat like pearls.

A mare heaves, muscled and slow,
raising her neck into a practised stretch
like an oystercatcher surfacing for breath.

AFON LLIW

Natalie Ann Holborow
Cesig y Glannau

Yn y bwlch rhwng corn carw'r môr a'r calchfaen
llusga'r merlod bwysau'u cyrff o'r morfa heli,
eu boliau cynnes cyfeb yn drwm. Pob carn
yn sugno'i hun yn rhydd o'r gwastadeddau llaid,
allsgerbydau crancod yn sychu fel wyneb y lleuad,
yn chwalu'n frau dan draed.

Mae'r merlod yn mwydo i ffin y tir, llygaid anferth
a thyner, brown fel cerrig ceirios. Corddi
y moresg gwlyb, y ddaear hallt, a'r cerrynt
yn troi o'u hamgylch – sŵn rhywbeth
yn diflannu – fel petai'r Ddaear yn llyncu
ei syndod, ei dyfroedd chwim ei hun yn ei dychryn,
cocos yn clecian ar ei gwddf fel perlau.

Mae yna gaseg yn ymdrechu, yn gyhyrog ac yn araf,
gan godi ei gwddf ac ymestyn o hir arfer
fel pioden y môr yn dod i'r wyneb i anadlu.

BISHOPSTON PILL

Matthew M. C. Smith
By St Teilo's Waters

The ford's druid tongue, near chapel head and
its meadow-skirt of graves, babbles tree alphabets.
The silver-sylph river slips from this acre, through forest's
cloak, winds through wooded cwm and caverns' drop,
bubble-rill and spill, frothing pill.

                                    Keeper of the keys, shuffling
at the gate, you tell me that water sprang from the heel
of the travelling saint, that Teilo gave this river its tang
of taste and made orchards burst into fruit; that he split
Gower's ancient stones with a crack of his crook when he
banished a dragon from the Bryn under serpents of lightning
and cast the wurm into the sea. That he banished the cave-witch,
and saw boon-pirates perish. I crouch at the edge of
Teilo's waters
slaking thirst, cupping and palming blade-cold gold water-coins
running their spill-spells from these lips.

PIL LLANDEILO FERWALLT

Matthew M. C. Smith
Ger Dyfroedd Teilo

Mae tafod derwyddol y rhyd, ger talcen capel a'i
weirglodd o feddau, yn parablu gwyddor y coed.
Llithra'r afon yn feinwen arian o'r fangre, drwy ŵn y goedwig,
gan ymlwybro drwy gwm y gwŷdd dan glogwyn crog,
ewyn y pil yn chwarae'n chwil.

                    Geidwad yr allweddi, yn stwna
ger y porth, chwedl dithau y tarddodd dŵr o sawdl
y sant crwydrol, mai Teilo roes i'r afon swyn
ei sawr a beichiogi perllannau; iddo rwygo
meini cynoesoedd Gŵyr â'i ffydd a'i ffon
pan alltudiodd ddraig o'r Bryn dan nadroedd mellt
a'i bwrw i'r môr. Iddo alltudio gwiddan yr ogof,
a gweld diwedd môr-ladron barus. Gwyraf ar lannau
dyfroedd Teilo
gan dorri syched, a'm dwylo'n dal y darnau aur o'r dŵr,
yn oer fel llafnau, yn gyfarwydd eu cyfaredd o'm genau.

PENNARD PILL

Rae Howells
You can tell a teenager about limestone

but it is the hardest rock of all. She will not care about the
faultline, the way water seems weak but opportunes
itself into any small crack, how it has the power, some nights,
to sweep sandstone from its ancient bed. She is not girl.
Not woman. She is a moth, cinnabar – a part-black fold
over soft feathers, a drop of blood on each wing.
On storm beaches

she listens at the seashell, all caprice. You are reminded of
the stream's oxbow swerves, its shying away from the
inevitable outpour. She is an eyelash flutter. She does not know
why her snap decision is so fastened in, unmovable,
intent as a kestrel's eye. Why her joy flutters so suddenly
out of ragwort, why disdain is a flash flood.

You could tell her about the many pills of the Severn,
of Pennard Pill, where freshwater opens itself to sea,
safe passage for barges past Three Cliffs' fangs. And though
brackish, bitter, swamped twice daily by tide, this river is a rope
that binds the feather to the drop, the shingle to the chafe.
Always moving, always in flux, a liquid forgiveness of
air and sand. She may feel inside herself the tide's clasp
and casual abandonment, its surge of tears that swell
to a spate. She is young. Don't worry.
She will make her way across at the stepping stones.

PIL PENNARD

Rae Howells
Gallwch ddweud wrth arddegyn am galchfaen

ond dyma'r graig galetaf oll. Ni fydd hi'n poeni am y ffawtlin,
sut y mae dŵr yn ymddangos yn wan ond yn manteisio'i hun
i unrhyw grac bach, sut mae ganddo'r pŵer, ambell noson,
i ysgubo tywodfaen o'i hen wely. Nid merch yw hi.
Nid menyw. Ond gwyfyn, sinabar – plyg rhannol ddu
dros blu meddal, â diferyn o waed ar bob asgell.
Ar stormdraethau

mae'n gwrando ar gragen fôr, yn oll-gyfnewidiol. Mae fel
gogwyddo ystumllynnoedd, ei rhusio rhag yr
arllwysiad anochel. Hi yw'r amrantiad llygad. Nid yw'n gwybod
pam mae ei phenderfyniad sydyn mor gaeth, mor ansymudol,
y bwriad yn sownd fel llygad cudyll. Na pham y llifa ei llawenydd
mor sydyn o lysiau'r gingroen, pam y daw fflachlif dirmyg.

Efallai y gallech sôn wrthi am bilau niferus afon Hafren,
am bil Pennard, lle mae dŵr croyw yn agor ei hun i'r môr,
llwybr diogel i ysgraffau heibio dannedd y Tri Chlogwyn. Ac er
mor hallt yw hi, wedi'i llethu'n ddyddiol gan y llanw, rhaff
yw'r afon hon, yn clymu'r bluen i'r diferyn, y graean i'r rhuthr.
Wastad yn symud, mewn fflwcs, maddeuant hylifol
aer a thywod. Mae'n bosib y teimla'i hun o fewn coflaid
ac ymadawiad y llanw, yn yr ymchwydd o ddagrau.
Mae hi'n ifanc. Peidiwch â phoeni.
Fe ffeindith ei ffordd ar draws y dŵr wrth y cerrig camu.

AFON OGWR

Mari George
Llwybr

Aiff hon ar frys ac weithiau aiff yn gain
ar hyd briallu melyn Merthyr Mawr
trwy ysgall, dyned, brwyn a grug a drain
yn poeri ar y defaid poeth a'u sawr,
yn denu bechgyn ifanc i le gwell,
i grwydro ar eu beics llawn hyder ffôl,
a'u harwain trwy bob tröell, 'stumio'n bell,
a'u temtio i roi llam a naid i'w chôl.
Does dim byd gwell gan fechgyn pymtheg oed
na phlymio fel eogiaid i'w dŵr oer
a hongian fel crehyrod bach o'i choed,
ond pan ddaw'r hwyr â ias i ddŵr dan loer,
eogiaid a'r holl fois aiff yn ddi-rif
o'r aber 'nôl i'r dref yn groes i'r llif.

RIVER OGMORE

Mari George
Desire

She polishes the stones, she seems to dance
with weeds and soften thorns through Merthyr Mawr,
she flirts with leaves and shrubs as if by chance,
she licks a sheep a horse a bird a cow.
Along come adolescent boys so old,
they race each other to her open arms.
She sparkles in the sun, she makes them bold
and then they dive into her deepest charms.
What more do boys desire at fifteen
than to plunge just like salmon one by one
into her depth and beauty and be seen
like herons by her side in warming sun?
but when it's time the boys and salmon go
upstream to their own beds against the flow.

RIVER OGMORE

Tracey Rhys
The Uninvited Guest

I loved the Ogmore
until it came to stay,
bringing a soupçon
of despair, the *jus*
of grief, my broth kitchen
with its *roux* of countertops:
cupboards thickened
to a shortcrust edge.
Mouth of a drowned fridge.
Summit of a kitchen island.
Stench beloved of gutters.

Tonight, I sleep in the river
itself: ground-weeping
at the output of bodies.
There are winged towels
in the long spoons
of my hands; tampons
looped over fingertips;
my open palms are moon
cups. I am so very like
the goddess.

AFON OGWR

Tracey Rhys
Yr Ymwelydd na Wahoddwyd

Roeddwn yn gwirioni ar afon Ogwr
nes y daeth i aros,
gan ddod â cheiniogwerth
o anobaith, a *jus*
o alar, fy nghegin potes
gyda'i *roux* o stelin:
cypyrddau wedi'u pasgu
yn ymyl o grwst brau.
Ceg yr oergell wedi boddi.
Copa ynys y gegin.
Drewdod sy'n annwyl gan wterydd.

Heno, cysgaf yn yr afon
ei hun: yn tir-wylo
am allbwn cyrff.
Mae yna glytiau adenog
yn llwyau hirion
fy nwylo, tampons
wedi'u bachu ar fy mysedd;
fy nghledrau agored
yn gwpanau'r lloer. Rwyf mor, mor debyg
i'r dduwies.

AFON RHONDDA

Mat Troy
Duck Race

Small but ferocious when nourished by winter run-off.
River Rhondda, jaundiced by hillside clay,
And dreaming of the old days, when you could step out
In panther black, a gift of the industry around you.
It's 1989, a bitter Boxing Day on the Crichton Street bridge.
The old men of Treorchy hurl numbered rubber ducks
Onto your writhing, chaotic back. A new ignominy.
You flip them effortlessly in your torrents.
The bronc cares not for the rodeo as it bucks the rider.
You slip elegantly through the net at Station Road,
Letting those unblinking simulacra be shed from you.
Children cheer the spectacle, leaping at the river wall.
Mothers pass secrets between sharp warnings
Not to climb too close to your lively snapping jaws.
The men jab hooks into your flanks,
Picadors testing the bull, freeing the ducks,
That you have hurled to branch, reed, and bend
(Though you always take a few, as is your right).
When the spring rains subside you will be diminished,
Back to the babbling brook that is your namesake.
Stones jutting from your shallows like a scrag's spine,
The odd duck, dented and bled white, supine on your bank.

RIVER RHONDDA

Mat Troy
Y Ras Hwyaid

Yn fach ond ffyrnig wedi dy fwydo gan lif y gaeaf.
Afon Rhondda, yn felyn â chlai y bryniau,
Ac yn breuddwydio am y dyddiau fu, pan oedd bosib
Ymddangos yn gethin ddu, anrheg gan y diwydiant o'th amgylch.
Mae'n 1989, Gŵyl San Steffan rewllyd ar bont Stryd Crichton.
Hen ddynion Treorci yn taflu hwyaid rwber wedi'u rhifo
Ar dy gefn gwinglyd, gwyllt. Embaras arall.
Ti'n eu chwyrlïo'n ddiymdrech yn dy gerrynt.
Ni falia'r bronco am y rodeo wrth daflu'r dyn.
Ti'n llithro'n osgeiddig trwy'r rhwyd ger Ffordd yr Orsaf
Gan adael i'r delwau llygaid llonydd lithro'n rhydd.
Plant yn rhoi hwrê i'r sioe, a llamu at wal yr afon.
Mamau yn rhannu cyfrinachau rhwng rhybuddion llym
I beidio dringo'n rhy agos at frath dy ddannedd.
Y dynion yn gwthio bachau i'th ystlys,
Picellwyr yn profi'r tarw, yn rhyddhau'r hwyaid
A daflaist i gangen, i frwyn ac i'r lan
(Er i ti gadw ambell un bob tro, dyna dy hawl).
Wrth i law y gwanwyn ddod i ben ti'n tawelu,
Unwaith eto'n nant fyrlymus driw i'th enw.
Cerrig yn brigo o'r dŵr bas fel cefn rhyw sgragen,
Ac ambell hwyaden, dolciog, wedi'i gwaedu'n wyn,
Yn ddiymadferth ar dy dorlan.

RIVER RHYMNEY

Gareth Writer-Davies
Will-o'-the-Wisp at Splott

the plastic mud returns
taking on the shape of what it captures

rusty tools, old jetties, flint arrowheads
scraped debris from all ages

upriver, the Rhymney has bored
like an auger through rock

here it is soft, pliable
all is temporary and available

if the river took another cut
the salt-marsh slice would reveal

a gaseous flea market of the past
Roman swords, a gangster in a demob suit

collar studs rising through the ooze, a florescent
hand falling upwards

a candle passing over water
the cold, covering tide due back any minute

AFON RHYMNI

Gareth Writer-Davies
Tân Annwn yn y Sblot

dychwela'r llaid plastigaidd
gan ddwyn ffurf yr hyn mae'n ei ddal

offer rhydlyd, hen lanfeydd, blaenau saethau fflint
geriach garw drwy'r oesoedd

uwchlaw, tyllodd llif Rhymni
fel ebill drwy'r graig

ac yma mae'n feddal, fwyn
popeth dros dro ac ar gael

pe torrai'r afon drywydd arall
datguddiai trychiad y morfa

farchnadfa nwyol y gorffennol
cleddyfau Rhufeinig, sbif mewn siwt dimòb

stydiau coler yn mwydo drwy'r mwd, llaw flodeuol
yn cwympo at i fyny

cannwyll yn croesi'r dŵr
a'r llanw'n fantell oer ar ddychwel ar ei dro

AFON SIRHYWI

clare e. potter
Siriol Gwy, Sor Gwy

Mae'r llednentydd yn ymgasglu, yn cryfhau'r afon –
edafedd gwlybion ein hanes, llithrig yw yr efengyl.
Roedd llais Sirhywi yn dew unwaith, yn llawn llwch
o felinau a glofeydd yn bedyddio eu hechdynion –
galargan o lafur, y llif swrth yn araf tuag at afon Ebwy
yn syth i gegau mawr trachwantus.

Ond clywch hon hefyd, cân ein gwlad
o Fwthyn y Derwyddon,
ac wrth felin Gelli Groes, cerddi wedi eu troi,
canodd yr Eos, a daliwyd galwad
o long ansuddadwy (er nad oedd neb yn credu).

Gwyddom ni beth i'w gredu, yn sibrwd Cors Trefil,
y ffynhonnell, y llais cyfrinachol wedi'i guddio mewn hesg a mawn,
ac mae ogof Tylles Fawr yn cuddio arfau, syniadau am chwyldro.

Yr alwad am newid: yr afon yn chwyddo.

RIVER SIRHYWI

clare e. potter
Rising River, Falling River

The tributaries, gathering, strengthen the river –
the wet threads of our history, the gospel is slippery.
Sirhywi's voice thick once, dust heavy
from mills and coalmines baptising their extractions –
a lamentation of labour, the sluggish flow slow towards the Ebbw
straight into big greedy mouths.

But hear this too, the song of our country
from the Druid's Cottage,
and by Gelli Groes mill, poems turned,
the Nightingale sang, and a call picked up
from an unsinkable ship (though no one believed it).

We know what to believe, in the whisper of Trefil Marsh,
the source, the secret voice hidden in sedges and peat
and Tylles Fawr cave hides weapons, ideas for revolution.

The call for change: the river's rising.

AFON DOWLAIS

Alun Gibbard
Dau Glais

Dwy nant ddienw,
yn esgor o ddau Fan
cyn bod Brychan;
yn golchi pridd a gwair
trwy gerrig a charnau amser,
am yn ail tua chôl Sabrina.

Ond cyn cyrraedd yr halen,
wrth y gelli ger y llwyni gwern,
uwchben Taf gwaed y merthyr
yn uno mewn un gwely.

At bob erchwyn,
i bob plyg,
dros sawl tro haul
daeth pobol o bedwar cysgod,
i blethu brethyn,
i danio gwreichion, i droi olwynion
fu'n bwydo ffwrneisi ac eneidiau byd.

Dau glais. Un Dowlais.
Dwy ffrwd mewn un dŵr
yn golchi stepen drws Gwyn Alf.

RIVER DOWLAIS

Alun Gibbard
Two Streams

Two nameless streams,
born of two peaks
before Brychan breathed;
washing earth and grass
through rocks and hooves of time,
one after the other towards Sabrina's lap.

But before reaching the salt,
at the grove near the alder bushes,
above the river of martyr's blood
they unite in one bed.

To every edge,
to every fold,
over many revolutions of the sun
people came from four corners
to weave cloth,
to ignite sparks, to turn wheels
that fed furnaces and souls of the world.

Two surges. One Dowlais.
Two streams in one water
washing Gwyn Alf's doorstep.

RIVER TAFF

Des Mannay
Upon Penarth Road Bridge

You know – but don't remember me.
I've been there through your different phases.
Remember you as a stoner, watching the mist
lift off me, as you walked my banks with friends.
They thought you were a fucking guru! You hugged
too many trees. You straightened out – became
a dad. Got a proper job. Started walking the Taff Trail
to work. All the way to bloody Whitchurch. I'd dampen
your feet sometimes – remind you I was there. On the
paths you were tramping.
　　But my favourite you? When you were a firebrand
trade unionist drunkenly quoting Lenin, Trotsky, Shelley,
and Jim Morrison – or was it William Blake? I saved you
once! You – so pissed – staggering side to side on a
bridge, which usually held two lanes of traffic. You
fell over the edge, followed by a confetti of crisps plus
packet. When you landed, I caught your foot. Woke you
with my lapping.
　　But now you've left me... for another river.

AFON TAF

Des Mannay
Ar Bont Heol Penarth

Ti'n fy nabod – ond ddim yn fy nghofio.
Dw i wedi bod yno drwy dy wahanol gyfnodau.
Dy gofio'n taflu cerrig, yn gwylio'r niwl
yn codi oddi arna i, wrth i ti gerdded fy nglannau gyda'th ffrindiau.
Roeddet fel ffycing gwrw iddyn nhw! Yn cofleidio
gormod o goed. Fe wnest ti gallio – dod
yn dad. Cael job iawn. Dechrau cerdded Llwybr Taf
i'r gwaith. Yr holl ffordd i'r blydi Eglwys Newydd. Byddwn
yn gwlychu dy draed weithiau – dy atgoffa 'mod i yno. Ar
lwybrau dy drampio.
   Ond fy hoff un ohonot? Pan oeddet yn undebwr tanllyd
yn dyfynnu yn dy ddiod Lenin, Trotsky, Shelley,
a Jim Morrison – neu ai William Blake? Wnes i dy achub
unwaith! Tithau – mor chwil – yn igam-ogamu
ar bont lle gyrrai'r cerbydau ddwyffordd fel arfer. Syrthiaist
dros yr ochr, dan gawod o greision a'u
pecyn. Pan laniaist, daliais dy droed. Dy ddeffro
â'm mân donnau.
      Ond bellach ti wedi fy ngadael... am afon arall.

AFON TAF

Catrin Mari
Cymraeg. Caerdydd (Afon Taf)

Dwi'n caru'r strydoedd mae
'nhraed yn eu troedio, yn mapio
afon yn tapio *Clydach, Rhondda, Taf,*
pasio fflach galed esgyll
wedi'u stampio yn sglein cerrig slic.

Mae llechi'r palmant yn marcio
ffiniau duon rhwng amser.
Dwi'n camu 'mlaen heibio
arllwysiad golau yn bloeddio o ffenest tafarn.
Mae clebran y brics yn pontio'n
goch yn erbyn awyr lwyd.

Mewn amser, dilynaf ffiniau
cyfarwydd, llefydd diweddeb
cyflym-gam: sibrwd straeon coll
wedi'u rhwydo yn erbyn taro slic
glaw sy'n tasgu:
pontio'n llwyd, glo-ddu a lliw pridd.

Sillafau'n hwylio ar wynt
rhewllyd, adenydd estynedig
yn sgrechian uwchben diferion y glaw.

RIVER TAFF

Catrin Mari
Cymraeg. Caerdydd (Afon Taff)

I love the streets on which my feet press
imprints, mapping the river
tapping, *Clydach, Rhondda, Taff*
and passing the harsh metal flash fish scales
stamped into the rain-slick shine of stone.

Paving slabs spring borders, black, between time,
I press forwards, past spilled light, bellowed orders
reverberating out. Brick chatter bridging
red against the lead-grey sky.

In time, I trace familiar boundaries, places, the quick-step
cadences of lost stories whispered: snatches netted
against the slick crashing
rain splashing slate and coal black and earth.

I hear syllables sail on iced winds,
outstretched wings
screaming above the drip-dropping rain.

RIVER SEVERN

Adele Evershed
Binary

'Isn't the Severn an English river?' you ask as we drive
over the bridge, and I think, *How English, the need to
claim a thing and make it yours.* 'It's a boundary river,' I
say, and that feels right – a crossing over from my Welsh
self to a blunted creature, someone who chafes her lips
saying *sore-s-pan* and banishes *lovely* to avoid the
scorn. I tell you its Welsh name is Hafren after the
princess who was drowned in its muddy drink by a
jealous queen, but you have no time for my folklore,
liking your Welsh in beer, rugby, and Catherine Zeta-
Jones. I watch the dirty dishwater that has swirled away too
many secrets and tears, and for a spilt second I see
Mari-Morgans pirouetting in the bore and I wonder if
they are trying to tell me something. Then, on a
sandbank, a guillemot, his black and white feathers like a
binary code or choice. As we pass *Welcome to England*, you
ask why I'm crying, your face as flat as a Sunday
night, and I know you'll never understand, so I ask you
to turn around, and take me home.

late sunshine   my shadow settles   back inside my body

AFON HAFREN

Adele Evershed
Deuaidd

Ti'n gofyn 'Isn't the Severn an English river?' wrth i ni yrru
dros y bont a dw i'n meddwl, *Mor Seisnig yr angen
i hawlio rhywbeth a'i berchnogi.* 'Afon y ffin ydi hi,'
meddaf, ac mae hynny'n teimlo'n iawn – croesi o'r
Gymraes ynof i greadur di-awch, sy'n rhuglo ei gwefusau
yn dweud *sore-s-pan* ac yn diarddel *lovely* i osgoi
y dirmyg. Dywedaf wrthyt mai Hafren yw ei henw,
tywysoges a foddwyd yn ei llif lleidiog gan
frenhines genfigennus, ond 'sgen ti'm 'mynedd â'm chwedlau,
Cymru i ti yw cwrw a rygbi a Catherine Zeta-
Jones. Gwyliaf y dŵr golch brwnt sydd wedi sgubo ymaith
sawl cyfrinach a sawl deigryn, ac am eiliad coll gwelaf
ambell Fari-Morgan yn dawnsio yn yr eger, ac amau
bod ganddynt neges i mi. Yna,
ar draethell, mae gwylog, ei phlu du a gwyn fel
cod deuol, fel dewis. Awn heibio *Welcome to England*,
a ti'n gofyn pam dw i'n crio, dy wyneb mor wag â nos Sul,
a gwn na wnei di ddeall byth, felly dw i'n gofyn
i ti droi llyw y car, a mynd â fi adref.

heulwen yr hwyr   fy nghysgod yn swatio yn ôl yn fy nghorff

About Arachne Press

Arachne Press is a micro publisher of (award-winning!) short story and poetry anthologies and collections, novels including a Carnegie Medal nominated young adult novel, and a photographic portrait collection.

We are expanding our range all the time, but the short form is our first love. We keep fiction and poetry live, through readings, festivals, workshops, exhibitions and all things to do with writing.

https://arachnepress.com/

Like or follow us on Bluesky, Threads, Facebook and Instagram: @ArachnePress

Find out more about our poets at
https://arachnepress.com/writers/

Afonydd Map
Scan for our interactive map, with photos,
videos and poets' comments.
Sganiwch ar gyfer ein map rhyngweithiol, gyda lluniau,
fideos a sylwadau gan y beirdd.